前言

中共十八届三中全会将承担社会责任列为深化国有企业改革的六大重点之一，四中全会提出加强企业社会责任立法，五中全会提出要增强国家意识、法治意识、社会责任意识，充分体现了党中央对社会责任的高度重视。国家电网公司立足国情和中央企业实际，持续探索、实践和完善科学的社会责任观，深刻认识央企属性、电网企业特征和社会各界期望，协调推进企业与社会可持续发展，最大限度地创造综合价值，积极塑造可靠可信赖的责任央企形象。2008年，国家电网公司在中央企业率先实施全面社会责任管理，大力推进社会责任根植。2014年，按照"全员参与、全过程覆盖、全方位融合"的工作思路，国家电网公司开始以项目制的方式推进社会责任根植，坚持问题导向、价值导向、变化导向、品牌导向，通过融入社会责任理念和方法促进专业工作价值提升。

目前，国家电网公司已经连续三年实施社会责任根植项目制，在实践中积累了丰富的经验，取得了丰硕的成果，也得到了内、外部利益相关方的支持与认可，为打造"一强三优"现代公司和一流"国家电网"品牌做出了积极贡献。社会责任根植是"永远在路上"的庞大系统工程，是涉及企业方方面面的复杂管理变革，是持续的理论和实践创新过程。无论是检验社会责任理念，研发社会责任工具，还是探索社会责任管理，创新社会责任沟通，都需要一个转变观念、检验成效和自我培训的过程，需要循序渐进、由易到难、由浅入深。

为了更加规范地推进社会责任根植项目制，国家电网公司编制了《国家电网公司社会责任根植项目工作手册》（以下简称"手册"）。手册分为基本概念与方法、社会责任根植的内容、社会责任根植项目实施步骤和社会责任根植项目管理机制四个部分，系统地回答了什么是社会责任根植、社会责任根植项目的实施步骤、每个步骤中的关键问题、社会责任根植项目统筹和管理以及可以运用的管理工具等诸多问题。

社会责任根植项目制是国家电网公司的首创，也是一项极具创新性和挑战性的工作。手册内容不会一成不变，将随着推进项目制思路方法的不断改进做出相应修正，以期成为指导企业开展社会责任根植项目制的具有针对性和实用性的工具书。

目录
LISTS

01
CONCEPTS
基本概念与方法

02
CONTENTS
社会责任根植
的内容

03
STEPS
社会责任根植
项目的实施步骤

04

MECHANISMS

社会责任根植
项目的管理机制

TOOLS

附件
工具箱

01

CONCEPTS

基本概念与方法

什么是社会责任根植？

什么是社会责任根植项目？

什么是社会责任根植项目制？

它们各自有什么样的特点？概念之间有什么联系？

社会责任根植相关概念

| 社会责任
根植 | 社会责任
根植项目 | 社会责任
根植项目制 |

解决
认知
问题

社会责任根植的内容

| 社会责任理念 | 社会责任方法 | 社会责任工具 |

根植

社会责任根植项目实施步骤

选题立项 ＞ 策划实施 ＞ 总结评估 ＞ 改进提升

解决
操作
问题

支撑保障

社会责任根植项目管理机制

| 组织
管理 | 规划
管理 | 过程
管理 | 绩效
管理 | 成果
管理 |

解决
制度
问题

社会责任

ISO26000 的
社会责任观

社会责任是指组织通过透明和道德的行为，为其决策及活动对社会和环境的影响而承担的责任。这些行为包括：

致力于可持续发展，包括健康和社会福祉

融入整个组织，并在其关系中得到践行

ISO26000 的
社会责任观

遵守适用的法律，并与国际行为规范相一致

考虑利益相关方的期望

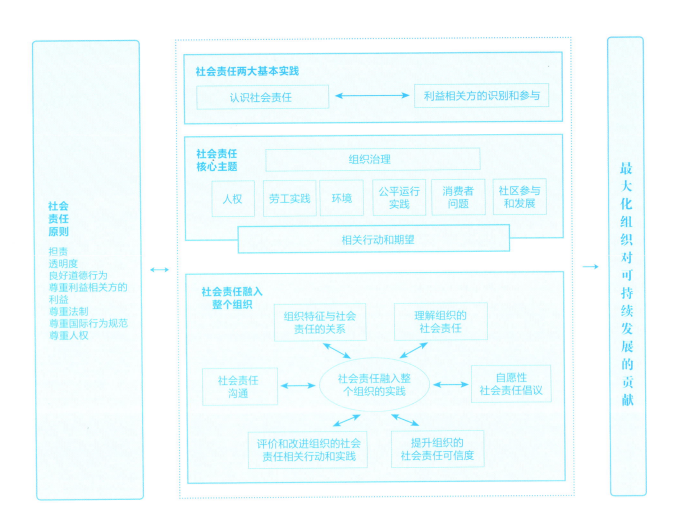

社会责任原则

担责
透明度
良好道德行为
尊重利益相关方的利益
尊重法制
尊重国际行为规范
尊重人权

社会责任两大基本实践

认识社会责任 ←→ 利益相关方的识别和参与

社会责任核心主题

组织治理

人权 | 劳工实践 | 环境 | 公平运行实践 | 消费者问题 | 社区参与和发展

相关行动和期望

社会责任融入整个组织

组织特征与社会责任的关系

理解组织的社会责任

社会责任沟通

社会责任融入整个组织的实践

自愿性社会责任倡议

评价和改进组织的社会责任相关行动和实践

提升组织的社会责任可信度

最大化组织对可持续发展的贡献

国家电网公司对社会责任的理解

社会责任是指企业为协调自身与社会的可持续发展，遵循法律法规、社会规范和商业道德，推进利益相关方参与，有效管理企业运营对社会和环境的影响，追求经济、社会、环境综合价值最大化的意愿、行为和绩效。

社会责任内容

	按综合价值创造功能分类			按利益相关方责任分类		
	保障可靠可信赖	努力做绿色运营的表率	保证运营透明度	对用户	对社区 ……	对员工
必尽之责	满足法律法规确定的供电可靠性标准					维护员工合法权益
应尽之责	帮助用户安全用电、科学用电					公平、公正地对待员工
愿尽之责	在资源约束条件下，深入挖潜，最大限度地提升供电可靠性					职业生涯培养

理解公司社会责任的关键点

社会责任内生于公司运营过程	离开建设和运营电网的具体过程和综合绩效谈社会责任是缘木求鱼、舍本逐末
公司社会责任内容的核心	理解和认识公司运营对社会和环境的影响
判断负责任的企业行为的标准	企业行为能否保持透明和道德
企业社会责任是企业主动担责的意愿、行为和绩效的统一	意愿内生于企业的治理机制安排；行为是企业主动担责的履责实践；绩效是企业对可持续发展的贡献
公司履行社会责任的目的	在追求经济、社会、环境综合价值最大化的进程中，努力实现企业可持续发展与社会可持续发展的统一与和谐
建设责任央企的核心是做到"价值、透明、认同"	价值要求公司追求经济、社会、环境综合价值最大化；透明要求公司强化透明度的顶层设计、制度建设和沟通创新；认同要求公司理解、认识和引导利益相关方和社会的期望
社会责任是公司及其员工变革的过程	探索和实践新的公司管理模式，形成公司新的企业发展方式、新的社会沟通方式以及员工新的工作方式的过程

社会责任根植

社会责任根植是指将社会责任理念与管理方法根植到公司特定工作或业务中，从而解决企业或利益相关方面临的各类问题，提高公司综合价值创造能力的一种社会责任管理新手段。社会责任根植具有以下一些特点：

聚焦问题或价值
社会责任根植都是围绕解决企业或利益相关方面临的某个或某类具体问题，或提升企业和利益相关方的价值创造能力而展开。

注重用综合价值去评判根植的成效
社会责任根植的最终成效不仅要以企业自身为考量，还要考虑外部利益相关方，用经济、社会与环境综合价值最大化作为根植的终极目标。

社会责任根植特点

运用社会责任理念方法和工具
社会责任根植的核心就是尝试突破和创新，用社会责任的理念和管理方法去解决所聚焦的问题，去提升价值创造能力。

重视与企业运营的融合
社会责任根植要落实到企业具体的运营中，是对企业特定工作和业务的创新与改进。

社会责任根植的三个核心问题

根植什么？

根植社会责任理念
融合共生
综合价值
透明度
利益相关方参与
影响管理

根植社会责任管理方法
利益相关方管理
社会与环境风险管理
社会责任边界管理
社会责任制度化管理
社会责任品牌化管理

根植到哪？

根植到人
意识
能力
行为

根植到事
议题
业务
活动

根植到制
决策
制度
流程

怎么根植？

能力建设

项目运作

制度建设

社会责任根植的内容

推广深化科学的企业社会责任观和全面社会责任管理模式在企业管理体系中有效落地的过程中，公司各层级、各单位实施的各种项目、举措、活动等实践，以及经过实践检验并持续完善的社会责任理念、方法、工具、经验、案例等成果。

社会责任根植
的内涵

社会责任根植的实质

推动科学的企业社会责任观和全面社会责任管理模式在公司全面落地的"永远在路上"的持续改进过程。

社会责任根植"永远在路上"，一方面是指对科学的企业社会责任观和全面社会责任管理模式的认识永远在路上，需要在不断落地的过程中，进行持续的探索、实践、检验和完善；另一方面是指对科学的企业社会责任观和全面社会责任管理模式的实践永远在路上，推动企业追求和实现综合价值最大化是一个持续改进、永无止境的过程。

社会责任根植的目的

社会责任根植是国家电网公司为了推动科学的企业社会责任观在公司全面树立，推动全面社会责任管理模式全面落地，在公司各层级、各单位、各专业、各岗位开展的理论与实践探索。

直接目的：在公司广泛普及"科学的企业社会责任观和全面社会责任管理模式"，推动公司上下切身体会到，社会责任是切实有用的，也可以被每一个人所掌握。

根本目的：通过全面社会责任管理模式，逐步形成新的员工工作方式、新的业务运营方式、新的社会沟通方式，乃至新的企业管理模式、新的企业发展方式，不断提升公司的履责能力、水平和绩效。

社会责任根植项目

社会责任根植项目是指由企业社会责任推进部门与业务部门共同策划实施的，以项目化运作和项目制管理方式推进的，有效融入社会责任理念、工具和方法，有助于提升企业可持续发展能力和品牌美誉度的工作与任务。

开展社会责任根植项目工作，关键把握好四点：

知行合一
策划实施社会责任根植项目是为了推动业务部门深刻理解科学的社会责任观的内涵与价值，体验社会责任理念、工具和方法的科学性与有效性，增强专业部门接受、掌握和科学运用社会责任的信心与动力。

创造增量
策划实施社会责任根植项目要能够为社会和企业创造价值增量。价值增量包括社会价值增量和企业价值增量两部分。社会价值增量体现为推动各方以对社会更加负责任的方式开展活动，提升社会综合价值创造能力。企业价值增量体现为推动企业管理创新、有效防范舆情风险、提升品牌形象、改善发展环境、增强核心竞争力。

共同推进
策划实施社会责任根植项目要求社会责任推进部门与业务部门共同策划项目实施方案，明确项目执行团队，匹配项目运作资源，形成完整的项目设计和运作体系。

主动作为
策划实施社会责任根植项目需要积极发挥和充分体现社会责任推进部门的主动作用，包括主动与业务部门共同策划选择根植项目选题，超前研究社会责任推动创新的方向与路径，预先评估根植项目成效，充分发挥项目管理和社会责任专业服务功能，等等。

社会责任根植项目制

社会责任根植项目制是指运用项目制管理理念和方法，逐级指导和推动各基层单位有计划、有管控、系统化、制度化、可持续地组织实施社会责任根植项目。社会责任根植项目制具有以下几个特点：

全员参与
社会责任根植项目制涉及国家电网公司总部、各省公司、地市公司等所有运营单位，覆盖规划、建设、运行、营销等各职能部门，牵涉政府、客户、员工、合作伙伴、社区等所有利益相关方。

闭环管理
社会责任根植项目制是一个集"自下而上、自上而下、总体策划、过程管控、结果评估以及成果展示"于一体的完整闭环管理。

模式创新
社会责任根植项目制是推动组织在其影响范围内全面践行社会责任，使组织对可持续发展的贡献最大化，是一种全面、深刻的组织管理模式创新。

社会责任根植项目的类型

按照根植对象和功能特性不同，社会责任根植项目可以划分为五大类：业务根植项目、活动根植项目、管理根植项目、主体根植项目、工具根植项目。

业务根植项目

是指与企业业务相关的社会责任根植项目，根据项目层次不同，可细分为点根植项目、线根植项目、面根植项目。

点根植项目

主要与特定业务运行的某个环节、某个方面相联系，实质是推行新的工作方式，如表后服务方式创新、电力设施保护方式创新、高危客户安全用电风险管理创新、施工受阻问题解决方式创新等。

点根植项目还可以进一步划分为两类：

一类是发现新问题的点根植项目，按照根植前的工作思维和方式，可能不认为是企业应该推动解决的社会问题，而从社会责任视角思考，却是企业应该用创新的方式推动解决的社会问题；

另一类是发现新问题解决方案的点根植项目，根植前的解决方案不能很好地解决问题，但导入社会责任后，引致了问题解决方案的创新。

线根植项目

主要与业务条线的整体运行方式相联系，实质是推行新的业务运营方式，如社会责任+"五大"业务，探索推进更加负责任的大规划、大建设、大检修、大运行、大营销。

面根植项目

主要与特定单位的管理模式、发展方式相关，实质是推行新的企业管理模式，如国家电网公司组织开展的全面社会责任管理试点，如果应用项目化运作和项目制管理的方式推进试点，就可以将其设计为一个社会责任根植项目。

活动根植项目

是指与开展企业级活动相关的社会责任根植项目，如社会责任根植推动党的群众路线教育实践活动创新、"三严三实"活动创新、"两学一做"学习教育创新等，归纳起来，都是社会责任根植推动活动开展方式创新，其实质也是推行新的工作方式。

管理根植项目

是指与企业管理变革相关的社会责任根植项目，如社会责任根植推动公司决策管理创新、风险管理创新、品牌管理创新、党风廉政管理创新、人力资源管理创新、财务管理创新、物资管理创新、企业文化管理创新、科技项目管理创新等。

主体根植项目

是指与企业履责主体相关的社会责任根植项目，如社会责任根植创新领导队伍建设、创新共产党员服务队伍建设、创新员工岗位建设、创新班组建设等。

工具根植项目

是指与研发社会责任工具、方法相关的社会责任根植项目，如研发社会责任优化决策管理工具、安全健康和环境管理工具、建设项目环境友好性评估办法、建设项目社会和谐性评估办法、发布服务地方发展白皮书等。

目前，以上五类根植项目，均有开展，但数量最多的是点根植项目，占比超过95%。这也符合当前社会责任根植的工作实际，循序渐进、由易到难、由浅入深的"微改进"原则。本手册后续的内容也主要针对点根植项目给予指导。

02

CONTENTS

社会责任根植
的内容

根植哪些社会责任理念？

社会责任根植的方法和工具有哪些？

如何理解这些理念、方法与工具？

如何将这些理念、方法和工具根植到具体的项目中？

社会责任与
业务共生

透明度和
"三个认同"

社会责任
理念

综合价值创造
最大化

利益相关方
识别和参与

经济社会环境
影响管理

社会责任方法
思维逻辑、行为方式

坚持理性标准	坚持"3C"方法
坚持创新驱动	保持道德反省
保持责任边界清晰	保持谦卑

社会责任工具
模型、手段、办法、技巧

社会沟通	社会责任边界管理
利益相关方管理	合作创造价值
SWOT、平衡计分卡等成熟工具	

社会责任理念

企业社会责任，是指企业通过透明和道德的行为，有效管理自身决策和活动对利益相关方、社会和环境的影响，追求经济、社会和环境综合价值最大化的意愿、行为和绩效。这一定义集中阐述了需要重点根植的社会责任理念。

理念一

社会责任与业务共生

社会责任内生于企业决策和活动对利益相关方、社会和环境的影响。企业的任何业务必然会对人和环境产生影响。企业的任何决策，既是商业决策，又是社会决策和环境决策。所以，"没有与社会责任无关的人，也没有与社会责任无关的事"，离开业务过程谈社会责任，是缘木求鱼、舍本逐末，这是任何工作、业务、活动和管理都可以成为社会责任根植项目的内在逻辑，也是社会责任为什么具有"时时可创新、处处可创新、人人可创新、事事可创新"功能的根本原因。

理念二

综合价值创造最大化

判断企业行为是否对社会负责任，归根结底要以综合价值创造结果作为科学标准，即企业行为能否促进社会资源的优化配置，最大限度地为社会创造综合价值。综合价值的内容，从价值维度来看，包含经济价值、社会价值、环境价值；从主体维度来看，包含企业价值、利益相关方价值和社会整体价值。

理念三

经济社会环境影响管理

担责的核心是有效管理企业决策和活动对利益相关方、社会和环境的影响。影响从内容上讲，包括社会影响、经济影响、环境影响；从形成上讲，包括直接影响、间接影响；从性质上讲，包括积极影响、消极影响。有效管理的内涵，是指凝聚各方力量，最大限度地增加积极影响，最大限度地减少消极影响。要认识、预防和化解项目运行全生命周期过程中的舆情风险、社会风险和环境风险。

理念四

利益相关方识别和参与

要深刻理解社会责任源于影响，而有影响就有利益相关方。利益相关方的识别和参与是企业最为基本的履责实践，也是企业实现综合价值最大化的根本机制。每一个根植项目都需要建立利益相关方识别的流程和工具，推动形成利益相关方参与机制，从制度安排、资源保障和行动部署等各方面保证利益相关方的知情权、监督权和参与权，发挥各利益相关方的综合价值创造潜力。

理念五

透明度和"三个认同"

要增强社会责任根植项目透明运营意识，反思信息公开状况，加强社会表达，推进"内部工作外部化"，充分保证利益相关方的知情权；用利益相关方感兴趣、能看懂、易接受的方式，强化社会沟通，积极增进各方对相关业务和活动开展的利益认同、情感认同、价值认同。

社会责任方法

社会责任方法，是指为确保社会责任理念和内容得到有效落实，而应遵循的思维逻辑、行为方式和问题解决路径。

企业整体层面的社会责任方法就是推行全面社会责任管理，这适用于面根植项目。

业务运行层面的社会责任方法的核心是指为最大限度地发挥综合价值创造潜力，或找到特定问题的"双效"（长效和高效）解决方案，而应遵循的思维逻辑、行为方式和问题解决路径。

社会责任方法最需要注意以下七条：

坚持理性标准
把探求问题的长效解决方案和实现综合价值最大化作为社会责任的根本标准。注重解决问题的内在逻辑，尊重自利的基本人性，绝不将问题解决建立在长期学雷锋的基础之上，不缺位，也绝不越位，自觉克制政绩冲动、奉献冲动、能力冲动，杜绝越俎代庖和大包大揽，坚决让有责任、有能力、有优势的主体发挥其应有作用和最佳功能，争取对社会长期有利的结果。

坚持"3C"方法
把共识（Consensus）、合作（Cooperation）、综合价值（Comprehensive Value）作为社会责任的根本方法。尊重"社会的问题只有回到社会中去，才能得到终极的解决"的规律，厘清问题相关各方，加强沟通交流，达成认识和解决问题的共识；厘清各方解决问题的意愿、能力、资源、优势，推动多方合作，实现优势互补，谋求问题的长效解决，最大限度地创造综合价值。

坚持创新驱动
把社会责任推动创新作为社会责任方法的核心。通过导入社会责任理念，推动企业发现新的可能解决的社会问题，催生社会或工作问题新的解决方案，或者推动业务运营方式和工作方式的创新，充分考虑社会和环境因素及利益相关方参与。

坚持主动作为
推动各方基于自利的逻辑共同解决问题，往往需要某一方主体"先迈开一步"，主动厘清问题现状及产生的根源和可能的解决方案，形成推动各方共同解决社会问题的初始动力，使道德发挥关键支点作用。

保持道德反省
强调社会责任不能离开道德动力，绝不是倡导道德至上，必须克制主导问题解决冲动。问题解决的不同阶段往往需要不同的主导方，"先迈开一步"的主导者，未必适合成为问题解决全程的主导者。道德冲动会导致"好心办坏事"，阻碍问题的长效解决、高效解决。真正的道德或者对社会负责任的态度，应该是"需要你主导时主导，需要你当配角时你就当好配角"，我们要谨防落入道德陷阱，也要防止被道德绑架。

保持责任边界清晰
追求综合价值最大化，要以守住法律风险管控的底线为前提和基础，严格厘清各方的责任边界。

保持谦卑
坚持每个主体都不可能是终极真理的掌握者，综合价值最大化的解决方案或问题的"双效"解决，永远可能是次优的、阶段性的，要保持解决方案的开放性，自觉接受各方的检验和监督。

社会责任工具

社会责任工具是指支撑社会责任理念和内容得到有效落实、社会责任方法得到有效运用的各种模型、手段、办法和技巧。社会责任工具大体可分为两类：一类是社会责任领域开发的独特工具；另一类是社会责任领域借用的成熟工具。

社会责任领域开发的独特工具

✖ 社会沟通工具

社会沟通工具是指针对利益相关方沟通过程的表达不对称、信息不对称、认知不对称等问题，创新改进沟通方式，争取更多利益认同、情感认同、价值认同的方法、手段和路径。其核心是改变以往以内部化的术语和思维进行的工作表达方式和沟通方式，用利益相关方感兴趣、能看懂、易接受的"社会化"语言和思维去传递企业的价值理念、战略、业务、履责实践和绩效。

感兴趣	能看懂	易接受
意味着沟通的内容与利益相关方切身相关，是回应利益相关方的诉求和期望的信息。	意味着沟通的方式要通俗、简单，尤其对专业术语和内部语言要进行"社会化"翻译。	意味着表达的立场要同理、共情，与利益相关方有共同的使命和价值追求。

社会沟通工具的应用体现在沟通主体、沟通对象、沟通内容、沟通渠道和沟通方式各个层面的持续改进，全方位提升沟通的可信度、精准性、实质性、参与度和有效性。

沟通主体	自说自话	提高沟通的可信度	第三方评价与口碑传播
沟通对象	广大公众	提高沟通的针对性	利益相关方聚焦
沟通内容	内部工作	提高沟通的实质性	外部影响和期望
沟通渠道	单一单向	提高沟通的参与度	多元互动
沟通方式	工作表达	提高沟通的有效性	社会表达

✖ 社会责任边界管理工具

企业的社会责任不是无限的，而是受其资源条件能力的约束，有一定的限度和底线，也有基于经济、法律、道德要求和利益相关方期望的不同履责层次，这些由不同层次内容组成的连续体就构成了企业的社会责任。社会责任边界管理就是指根据社会责任内容的不同层次，做出不同的管理策略安排。

管理创新要求 ↑

价值贡献最大化责任

推动实现综合价值最大化的责任，企业要立足管理创新，掌握并运用好"先迈一步，启动合作，激发各方意愿和潜力，推动利益相关方合作创造综合价值"的社会责任思维和工具。

尊重利益相关方责任

利益相关方诉求回应和利益平衡的责任，企业要强化换位思考、将心比心、讲究管理艺术的理念，客观认识和有效引导好利益相关方期望，平衡好不同方面的利益诉求。

合规责任

遵守法律和道德底线的责任，企业应该不缺位，杜绝法律风险和显著的道德洼地风险，同时，不越位，力戒"好心办坏事"，阻碍法制进步。

认知分歧程度 →

✖ 利益相关方管理工具

利益相关方管理工具包括利益相关方识别管理、利益相关方关系管理、利益相关方参与管理等工具。

利益相关方识别管理

重点关注企业决策和活动的影响程度、应负的法律义务和责任、谁能帮助有效管理影响、谁在关注决策和活动。

利益相关方关系管理

重点分析利益相关方与企业关系的性质、所具有的优势、所拥有的资源和能力、对企业的期望及价值标准；明确关系管理的目标和原则、关系建立和维护的策略和路径、关系管理的绩效评价和改进等。

利益相关方参与管理

包括梳理议题、明确目标、了解期望、分析影响、拟定方案、实施计划、评价业绩、总结改进八个相互衔接、循环改进的环节。

识别利益相关方的八个自我审问：

(1) 企业对谁有法定义务？

(2) 谁会受到企业决策或活动的积极或消极的影响？

(3) 谁有可能关注企业的决策和活动？

(4) 在过去出现类似关注需要回应时，谁曾参与过？

(5) 谁能够帮助企业处理特定影响？

(6) 谁会影响企业的履责能力？

(7) 如果被排除在参与进程之外，谁将处于不利地位？

(8) 价值链中谁受到了影响？

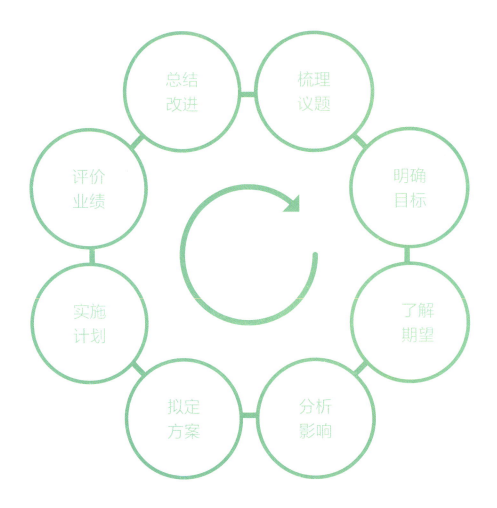

✖ 推动各方合作创造综合价值工具

推动各利益相关方合作创造综合价值，需要做到以下三点：

聚焦问题长效解决方案，深入了解、分析和探讨问题涉及各方的职责、意愿、优势（包括资源、能力、信息）。在此阶段，需要保持自省与追问：

- 企业在达成项目目标上还欠缺哪些资源、能力和信息？
- 企业以外哪些组织或个人拥有这些资源、能力和信息？
- 这些组织或个人有哪些动力让企业享用其资源、能力和信息？
- 企业是否有资源和这些组织或个人共享或交换？

在明晰各方资源优势的基础上，聚焦激发合作意愿和问题解决潜力，推动各方共同搭建合作平台。与利益相关方的资源整合利用包括三种模式：

资源引入模式指企业从外部某个组织或个人引入其拥有或代理的社会资源来促进企业社会责任根植项目更好地达成其目标。这种模式下，社会资源单向向企业流进，这种模式的前提是实现企业社会责任根植项目目标符合资源拥有或代理方的利益。

资源交换模式指企业利用内部资源与外部组织或个人交换以满足社会责任根植项目的资源需求和双方的综合利益最大化。这种模式下，社会资源在企业和社会之间双向流动。

资源共享模式指企业与外部合作方共同享用企业内部资源或社会资源以促进社会责任根植项目的实施。这种模式下，社会资源由企业和资源的拥有方或代理方共同使用。

聚焦实现优势互补和形成持续动力，建立完善多方合作机制，推动各方各居其位、各尽其能、各享其成、各得其誉，形成社会问题长效解决方案。形成长效的合作机制需要遵循三个原则：

不能某一方单方面受益或受损，而应该是企业、资源的拥有方以及第三方都能从中受益，形成互利共赢的局面。

应当建立跨部门、跨领域、跨行业的充分沟通与合作，保证恰当正确运用资源。

应建立公开透明的运营机制，保证合理合法运用各利益相关方的资源和能力。

社会责任领域借用的成熟工具

除了社会责任领域开发的独特工具，根植项目还可以借用一些管理领域很成熟的工具，如 PESTEL 分析模型、SWOT 分析方法、鱼骨图分析方法以及战略地图（平衡计分卡）、麦肯锡 7S 模型等工具。这些工具的思维方式和问题解决逻辑，对解决社会责任理念、内容和方法的落地问题具有很好的借鉴意义。同时，工具在运用过程中要充分实现与社会责任理念的融合。

✂ PESTEL 分析模型

PESTEL 分析模型又称大环境分析，是分析宏观环境的有效工具，不仅能够分析外部环境，而且能够识别一切对组织有冲击作用的力量。它是调查组织外部影响因素的方法，其每一个字母代表一个因素，可以分为六大因素：政治因素 (Political)、经济因素 (Economic)、社会因素 (Social)、技术因素（Technological）、环境因素 (Environmental) 和法律因素 (Legal)。

政治因素 对组织经营活动具有实际与潜在影响的政治力量和有关的政策、法律及法规等因素

经济因素 组织外部的经济结构、产业布局、资源状况、经济发展水平以及未来的经济走势等

法律因素 组织外部的法律、法规、司法状况和公民法律意识所组成的综合系统

社会因素 组织所在社会中成员的历史发展、文化传统、价值观念、教育水平以及风俗习惯等因素

环境因素 一个组织的活动、产品或服务中能与环境发生相互作用的因素

技术因素 引起革命性变化的发明，与企业生产有关的新技术、新工艺、新材料的出现，以及其发展趋势和应用前景

在社会责任根植项目中使用 PESTEL 分析模型，是为了拓展综合价值最大化的价值创造维度，政治、经济、社会、技术、环境、法律六方面，可以理解为综合价值创造的六个维度。从这六个维度分析项目面临的外部环境或分析项目创造的综合价值。

✖ SWOT 分析方法

SWOT 分析就是系统地确认企业自身的优势（Strength）和劣势（Weakness）、面临的机会（Opportunity）和挑战（Threat），从而将公司的战略与公司内部资源、外部环境有机地结合起来的一种科学的分析方法。其核心在于帮助企业发挥优势因素，克服劣势因素，利用机会因素，化解挑战因素。

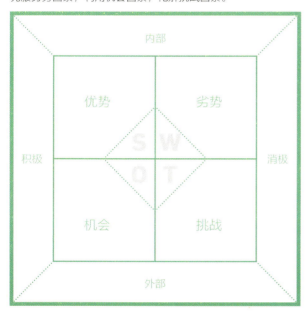

在社会责任根植项目中，使用 SWOT 分析方法是为了谋求问题的长效解决或者实现综合价值最大化，引导全面考虑各利益相关方的优势和劣势，以及为了拓展解决问题的外部条件分析视角，引导各利益相关方抓住机遇、避免风险。

		企业视角	社会视角
S	优势	企业自身有哪些优势和资源可以谋求问题的解决	利益相关方有哪些优势和资源可以推动问题的解决
W	劣势	该问题让企业处于怎样的劣势和弱点	该问题让哪些利益相关方处于劣势和被动状态
O	机会	在该问题上企业可以把握和利用哪些机会	问题的解决可以给利益相关方带来怎样的发展机会
T	挑战	在该问题上企业需要应对哪些挑战和风险	问题的解决可以帮助利益相关方应对哪些挑战

✖ 鱼骨图分析方法

鱼骨图分析方法，又称因果分析法，是一种发现问题"根本原因"的分析方法。问题的特性总是受到一些因素的影响，通过头脑风暴找出这些因素，并将它们与特性值一起，按相互关联性整理而成层次分明、条理清楚的分析图，因其形状如鱼骨，所以叫鱼骨图。

在社会责任根植项目中，使用鱼骨图分析方法是为了分析需要各利益相关方共同解决的社会问题，拓展理解问题成因和解决措施的维度，并将其与各利益相关方的角色、职责、意愿与优势联系起来。下图是以表后服务问题为例，进行的鱼骨图分析。

鱼骨图分析步骤如下：
(1) 查找要解决的问题；
(2) 把问题写在鱼骨的头上；
(3) 召集同事共同讨论问题出现的可能原因，尽可能多地找出问题；
(4) 把相同的问题分组，在鱼骨上标出；
(5) 根据不同问题征求大家的意见，总结出正确的原因；
(6) 任意拿出一个问题，研究为什么会产生这样的问题；
(7) 针对问题的答案再问为什么？这样至少深入五个层次；
(8) 当深入到第五个层次后，认为无法继续进行时，列出这些问题的原因，而后列出至少 20 个解决方法。

✖ 平衡计分卡

平衡计分卡（The Balanced Score Card，BSC），是一种绩效管理的工具。它将企业战略目标逐层分解转化为各种具体的相互平衡的绩效考核指标体系，并对这些指标的实现状况进行不同时段的考核，从而为企业战略目标的完成建立起可靠的执行基础。它是在财务指标的基础上加入了未来驱动因素，即客户因素、内部经营管理过程和员工的学习成长，其在战略规划与执行管理方面发挥非常重要的作用。

平衡计分卡基本框架

平衡计分卡体现了财务、非财务衡量方法之间的平衡，长期目标与短期目标之间的平衡，外部和内部的平衡，结果和过程的平衡，管理业绩和经营业绩的平衡等多个方面，因此能更好地反映组织综合经营状况，使业绩评价趋于平衡和完善，有利于组织的长期发展。

在社会责任根植项目中，平衡计分卡的四个层次，都需要运用社会责任理念进行改造和创新，从而为企业的战略管理做出更加全面、可持续的安排。

社会责任根植平衡计分卡的总体思路

财务层面	要从财务价值拓展到综合价值
客户层面	要从客户拓展到各利益相关方
内部流程层面	要突出利益相关方参与
学习与成长层面	要充分利用各利益相关方的信息、资源和能力

✖ 麦肯锡 7S 模型

麦肯锡 7S 模型 (Mckinsey 7S Model)，简称 7S 模型，是麦肯锡顾问公司研究中心设计的企业组织七要素，指出了企业在发展过程中必须全面地考虑各方面的情况，包括结构（Structure）、制度（Systems）、风格（Style）、员工（Staff）、技能（Skills）、战略（Strategy）、共同价值观（Shared Values）。

对于麦肯锡 7S 模型，从社会责任角度进行改进和提升的思路包括共同的价值观，要突出诚信合规、以人为本、综合价值、透明开放、合作共赢、绿色发展、和谐发展、社会创新等理念，策略、结构和制度要体现综合价值创造和利益相关方参与，技能、人员、风格要突出沟通、合作、包容、主动、理性、创新等。

✖ 面根植项目的社会责任工具

面根植项目，即实施全面社会责任管理试点，可以运用的社会责任工具。一类是国家电网公司开发的独特工具，包括全面社会责任管理"鼎·心"模型、"三改变"社会责任推进工作模式、可持续发展战略制定工具、社会责任指标体系工具、社会责任实践报告工具、服务地方经济社会发展白皮书工具等。另一类是可以借鉴使用的成熟工具，包括综合绩效管理工具，如卓越绩效模式、欧洲质量管理基金会的 EFQM 模型等；变革管理工具，如科特变革八阶段模型、贝伦舍特成功变革七力模型、爱迪思 PAEI 管理角色模型、能力成熟度等。

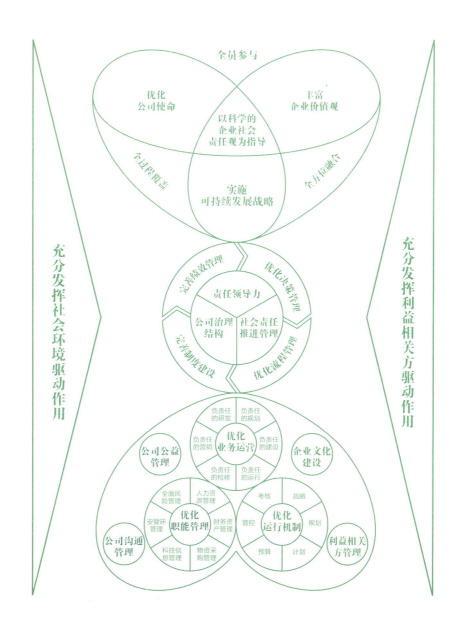

公司全面社会责任管理"鼎·心"模型

03

STEPS

社会责任根植项目
的实施步骤

项目选题
确定项目的主题是什么？项目要解决什么样的问题？

项目筛选
在众多的选题中，优先选择做哪一个？选择的依据是什么？

持续提升
项目下一步改进方向？如何指导第二年的立项？

项目策划
项目的目标是什么？根植的社会责任理念是什么？实施的策略和举措是什么？需要的资源保障有哪些？

选题
立项

改进
提升

策划
实施

评估
总结

改进调整
项目是否达到预期目标？项目收到哪些意见和反馈？如何回应这些意见和反馈？

项目实施
如何保证项目顺利实施？
实施过程需要哪些监督和沟通？

成果总结
如何对项目成果进行系统总结？有哪些效果展示形式？

绩效评估
从哪些方面评估项目取得的成效？评价的标准是什么？

如何
选题立项

项目选题

聚焦问题
确定：
根植项目
核心主题

设定边界
确定：
根植项目
工作范围

预选方法
确定：
根植项目
初步思路

拟定清单
确定：
根植项目
初选题目

项目筛选

筛选标准
坚持：
"五个导向"

筛选流程
判定：
项目优先顺序

社会责任根植项目共有五类七种，在选题之前，首先要确定做哪种类型的项目。其中全面根植项目，即推行全面社会责任管理，由于涉及巨大的管理变革，短期内不主张全面铺开，可以由部分省公司选择若干个地县公司进行深入探索。

工具根植项目，需要各单位围绕社会责任理念、内容和方法的有效落地，主动提出工具研发建议，统一汇总至公司总部，由总部统筹部署、合理分工、有序研发，最好能够争取科技项目和管理咨询项目立项。

其他五种根植项目，即点、线，主体，活动，管理根植项目，可以充分发挥各单位的积极性、主动性。本小节着重对后五种类型尤其是点根植项目的选题进行过程和方法指导。

项目选题

聚焦问题
确定根植项目的核心主题

发现问题、将问题聚焦，是根植项目取得成功的第一步；需要聚焦的问题包括矛盾、冲突、诉求、期望、热点议题等不同类型；任何一个优秀的社会责任根植项目都是围绕某个或某类核心问题展开，且都是以负责任解决某个或某类问题、最大限度地创造综合价值作为社会责任根植的最终目标。

根据与电网企业核心业务的关联程度和责任范畴，大致可以分为三类问题：企业内部运营问题、利益相关方自身问题和纯社会问题。

企业内部运营问题
- 工程受阻
- 电压不稳
- 清洁能源上网
- 缴费难
- 业扩报装低效率
- ……

利益相关方自身问题
- 表后服务问题
- 弃管小区用电问题
- 黑楼道问题
- 钓鱼触电问题
- ……

纯社会问题
- 留守儿童问题
- 人口老龄化问题
- 贫困问题
- 社会治安问题
- ……

企业责任边界范畴内的各类矛盾、纠纷、工作难点、利益相关方诉求或期望等。

企业内部运营问题

- 必尽责任和应尽责任
- 决定企业良好经营与可持续发展

利益相关座谈

职能部门访谈、座谈

各个环节的核心利益相关方是谁?
他们之间有哪些长期的难题、矛盾或纠纷?
他们对电网企业有哪些普遍的期望或诉求?
这些矛盾与纠纷、期望与诉求是否属于电网企业的责任范畴?

利益相关方自身问题一般是指电网公司运营过程中所涉及的利益相关方自身所面临的困境或需求。

利益相关方自身问题

- 责任边界以外愿尽责任
- 间接影响可持续发展以及和外部环境和谐共赢

利益相关调查与分析

发展层面

安全层面

履责层面

各利益相关方在自身发展、安全运营、履责方面存在哪些问题、困境或需求?
这些问题是否会间接影响到电网公司的可持续发展?
电网公司能否有资源条件为利益相关方提供相应的服务和支持?

纯社会问题一般是指电网公司运营范畴之外的整个大社会所面临的困境或需求。

纯社会问题

- 责任边界以外愿尽责任
- 对可持续发展不构成直接影响,在一定程度上影响企业的大环境

社会热点议题追踪与挖掘

重要的会议或论坛

政府中的社会公共事务部门

社会公益组织

当前社会最为关注的影响社会福祉与可持续发展的热点议题有哪些?
电网公司运营中是否发现有暂时不被社会广泛关注的社会问题?
这些议题中,哪些是电网公司有资源、条件和优势去应对的议题?

核心利益相关方	关键问题
电网规划	• 规划部门 • 设计单位
电网建设	• 周边居民 • 施工单位
电网运行	• 电力客户 • 发电企业
电网检修	• 电力客户 • 故障单位
电力营销	• 电力客户

电网规划
- 规划部门
- 设计单位

  • 电网规划与对方规划调节
  • 规划设计中的环境保护与社会和谐

电网建设
- 周边居民
- 施工单位

  • 工程阻工问题
  • 施工中的安全健康
  • 施工中的环境保护

电网运行
- 电力客户
- 发电企业

  • 清洁能源上网
  • 高峰期安全供电
  • 节能发电调度

电网检修
- 电力客户
- 故障单位

  • 抢修效率问题
  • 检修中的停电影响
  • 电力设施产权分界

电力营销
- 电力客户

  • 业扩报装问题
  • 电力缴费问题
  • 用电信息获取问题

地方政府
- 促进地方经济发展
- 助力当地节能减排
- 支持当地环境保护

电力客户
- 客户侧电力设施维护
- 助理客户节能减排
- 助理客户安全生产
- 助力客户应对经营困难

发电企业
- 协助供应商应对经营困境
- 推动供应商履责

供应商
- 社区表后服务问题
- 社区安全用电
- 社区基础设施改善

当地社区
- 助力发电企业应对经营困难
- 助力发电企业安全生产
- 助力发电企业节能减排

弱势群体　　贫富差距　　公平教育　　环境污染

居住条件　　气候变化　　食品安全　　"三农"问题

反腐败　　水资源紧缺　　医疗卫生　　恐怖主义　　……

工具箱

TOOL-1 选题阶段职能部门访谈提纲模板

TOOL-2 选题阶段利益相关方访谈提纲模板

TOOL-3 选题阶段企业内部运营问题的归纳总结模板

TOOL-4 选题阶段利益相关方自身问题的归纳总结模板

TOOL-5 社会公共事务部门和社会公益组织访谈提纲模板

TOOL-6 选题阶段社会问题的归纳总结模板

设定边界
明确根植项目的工作范围

任何一个问题所涉及的范围都可大可小，某一个社会责任根植项目不可能一蹴而就地解决全部的问题，而只能逐步解决其中某个方面或某个范围内的问题。这就需要在聚焦的问题上，进一步设定作用边界，明确责任根植项目的工作范围。

问题的作用边界可分为地理边界、对象边界或职能边界等。具体在确定根植项目的工作范围时，可分别或同时从以下几方面去考虑项目的边界。

类型	地理边界	对象边界	职能边界
定义	解决多大地域范围内的问题	解决哪一类利益相关方群体的问题	在哪一个职能领域或工作层面来解决问题
可选项	某片社区？ 某个乡镇？ 某个区县？ ……	居民客户？ 企业客户？ 大客户？ ……	某项工程或环节？ 某条专业或流程？ 某家供电所或子公司？ ……
思考过程	是否为局限在某个地域内的特色问题？ 哪些片区在该问题上最为突出？ 是否地理范围太大，需要先选某个地区作为试点？	是否为局限在某类群体中的专有问题？ 哪些群体对该问题最为敏感和关注？ 是否受影响群体太多，需要先选某部分对象作为试点？	问题是否出自公司运营中的某个特定环节？ 哪些职能领域最容易发生该问题？ 是否项目操作难度太高，先选某个点作为试点？
示例	针对写字楼电费欠缴问题，选择写字楼最多的 CBD 一带作为根植项目的地域范围	针对表后服务问题，选对表后服务最为敏感的社区居民作为根植项目的服务对象	对解决工程受阻问题，选最容易发生阻工的特高压工程为根植项目的根植点

预选方法
明确根植项目的初步思路

在确立了社会责任根植项目的主题和工作范围之后，就需要对项目如何开展设定一个初步的思路，即找出解决问题的核心方法。该方法可以是某个社会责任理念、某种管理方法、某项工具或某个平台。具体有哪些方法可选择请参考第二部分（社会责任根植的具体内容）。

问题类型	思考过程
企业内部运营问题	企业是否在履责理念上存在欠缺和改进空间？ 企业是否在工作方法上存在欠缺和改进空间？ 可以引入哪些工具来帮助解决该问题？ 可以依托哪些平台来帮助解决该问题？
利益相关方自身问题	有哪些先进的理念方法来探索解决该问题？ 有哪些可以引入的工具来帮助解决该问题？
纯社会问题	企业有哪些优势和资源来帮助解决该问题？ 外界有哪些优势和资源来帮助解决该问题？

示例

- 以"创造共享价值"理念助力嵊州茶区集约化发展（引入理念）
- 标准化回应利益相关方诉求的光明工程（引入方法）
- 朋友圈式防钓鱼触电安全（引入工具）
- 责任根植电工鲁师傅，助力化解表后服务矛盾（引入平台）

拟定清单
明确根植项目的初选题目

在选定好核心主题（即要解决的关键问题）、界定好项目的范围以及确定初步思路之后，就可以将其列为一个单独的项目并填入相应的选题清单中，供下一步项目筛选。每个地市级公司在初步选题中应选出不少于 10 个题目，所涉及的问题应覆盖企业内部运营问题、利益相关方自身问题、纯社会问题三种不同类型。

工具箱

项目筛选

项目筛选最根本的逻辑是要通过根植项目的实施，充分体现和展示社会责任的科学内涵、理念方法和增量价值。通过社会责任理念、内容、方法和工具的有效导入，可以推动各方更新观念、开拓视野、创新思路，引导各方更广泛地发现问题、更客观地界定问题，更全面地理解问题、更深刻地分析问题，推动解决问题的方法和方案更创新、解决问题的效果和效率更有效，带给各方更多启示，带给社会更多"社会责任有效知识供给"，让科学的企业社会责任观的大旗高高飘扬，持续彰显国家电网公司的表率引领形象。

项目筛选标准

根植项目选题立项要坚持"五个导向"。从筛选的角度来讲，"五个导向"就是立项的五道"筛子"。

社会责任根植项目筛选评价指标体系

	五个导向	具体释义
必选项	问题导向	要求根植项目聚焦特定问题的解决
	变化导向	要求运用社会责任理念和方法，重新思考对特定问题的理解方式、界定方式、分析方式、解决方式
	价值导向	要求对社会责任引致的特定问题的创新解决方案，做出"综合价值创造增量"的预判，即最有可能找到企业运营难题和社会问题的更优解决方案，乃至"双效"（高效、长效）解决方案，给企业、利益相关方、社会带来更多的财务价值、经济价值、社会价值、环境价值
可选项	特色导向	建议立足各单位实际和地方特色，选择特点鲜明、容易引起关注和共鸣的根植项目
	品牌导向	建议根植项目的选择和推进，要同步考虑在系统内外传播、共享、推广及有效展示公司品牌形象的需要

工具箱

项目筛选流程

对选出的每一个项目，都需要对其按照下图所示的流程进行筛选，以决定该项目是否应作为根植项目被立项以及项目实施的优先顺序。

各省电网公司组织专家评估团队，对其管辖范围内申报的项目依据《TOOL-8 项目筛选评估标准》进行评分，评分方式采用累计加分制，并将评分结果纳入下图所示的项目筛选矩阵中，以判定项目是否获选以及项目的优先顺序。

优选项目，即优先立项的项目，可继续向国网公司总部申报
入选条件：必选项得分在 6 分以上并且可选项得分在 3 分以上

次优项目，在预算充裕的情况下可在省公司内部立项的项目
入选条件：必选项得分在 3~6 分，可选项得分在 3 分以下

落选项目，不给予立项的项目
入选条件：必选项得分在 3 分以下

TOOL-9 项目筛选评估表参考模板

如何
策划实施

前期调查与分析

确定调查对象 ＞ **提出问题假设** ＞ **选择调查方式** ＞ **调查过程执行**

| 准确并完整界定出需要被调查的对象 | 针对不同调查对象提出一定的问题假设 | 结合项目具体情况选择合适的调查方式 | 按照调研方案具体开展前期调研工作 |

策划项目实施方案

制定项目目标 ＞ **制定项目策略** ＞ **细化工作步骤** ＞ **明晰资源保障** ＞ **编写项目实施方案**

| 提前预估并分解根植项目的目标绩效 | 针对不同类型的问题制定不同的实施策略 | 策划详细的工作举措与实施步骤 | 确保项目有充足的人、财、物资源支撑 | 编写形成可用来操作的实施方案 |

项目实施与监控

召开项目启动会 ＞ **开展项目培训** ＞ **组织项目实施** ＞ **项目信息披露**

| 通过启动会动员相关人员并明确目标任务 | 通过培训确保项目成员具备相应的执行能力 | 按照实施方案具体开展项目的各项工作任务 | 通过多种方式向利益相关方披露项目相关信息 |

社会责任根植项目成功实施的关键，是要"不忘初心"，自觉把社会责任根植的根本逻辑和"五个导向"的要求，贯穿和体现于项目实施全过程之中。

前期调查与分析

确定调查对象

在调查之前，首先要准确并完整界定出需要被调查的对象，选取科学合理的抽样比例进行深入的调查，为厘清问题的本质、查找问题解决的思路提供第一手的信息。

一般情况下，调查对象主要包括三大类群体：直接利益相关方、公司内部相关责任部门、有助于解决问题的第三方。

调查对象	确定调查对象需要思考的问题
直接利益相关方	该问题会损害或造福的直接利益相关方是谁？ 是个人还是单位？ 具体的数量预计是多少？
公司内部相关责任部门	公司内部与该问题有责任关联的部门？ 负责该问题的直接工作人员都有谁？ 具体的数量是多少？
有助于解决问题的第三方	谁在同样关注或解决该类问题？ 谁与直接利益相关方之间有密切的关联？ 谁在解决该问题上具有一定的权力或资源？

提出问题假设

确立调查对象之后，为了保证调查的效果和质量，需要项目工作组提前针对不同调查对象提出一定的问题假设，围绕这些假设来设计调查方案并展开调查。

电网公司自身

- 是否对问题的认知有偏差；
- 是否缺乏外部视角和换位思考；
- 是否简单遵照惯例和规程在"单打独斗"；
- 是否忽略了主动沟通、超前协调和多方合作。

受问题影响的利益相关方

- 是否出现信息不对称、知识不对称、认知不对称；
- 是否对问题解决的责任、义务、能力、优势缺乏充分了解。

有助于解决问题的第三方

- 问题的存在或解决是否对其产生额外的收益或成本；
- 是否具有资源、能力或信息优势以推动问题的解决；
- 该利益相关方与电网公司是否秉持同样的价值观。

示例

《五方共赢 推动写字楼供用电生态的共同治理》根植项目问题假设：

电网企业是否"缺方法"？
是否缺乏激励、赋能的工作方法？

楼宇物业是否"缺能力"？
楼宇物业是否缺乏必要的意识，或缺乏必要的人力、物力、财力来开展楼宇能效管理？

利益相关方之间是否"缺沟通"？
电网企业有没有针对楼宇内部业主的常态沟通举措，有没有对社会公众、政府的相关议题进行传播？

选择调查方式

在确定调查对象和提出问题假设以后，需要对调查方式进行选择或组合。通常情况下，调查方式包括问卷调查、一对一访谈和圆桌会议等不同类型。每一种调查方式都有其特点和适用条件，项目组应结合项目具体情况，选择合适的调查方式，准备好相应的调查问卷、访谈提纲或会议议程等资料。

不同调查方式的优、缺点对比及适用情况

调查方式	特点	适用情况	示例
问卷调查	调查效率高 信息结构化易整理 获取的信息有限 互动性较弱	适用于调查对象数量较多，所需要获取的信息主要用于判断趋势、倾向、比例等情况	诸暨公司特高压品牌建设的根植项目中，通过问卷调查了解利益相关方对特高压工程的支持率和品牌认知
一对一访谈	交流充分深入 互动性较强 获取信息量全面	适用于调查对象数量不多但非常关键，需要进行深入沟通交流以获取对方的具体意见、诉求和共同商讨解决思路等情况	济宁公司在推动高危客户安全管理的根植项目中，对潜在的高危客户的用电设施、用电管理进行了详尽的一对一访谈
圆桌会议	交流充分深入 获取信息量较多 互动性很强 组织难度大 对会议主持人的能力要求较高	适用于调查对象类型多样且相互之间有关联或冲突，需要集中在一起通过头脑风暴和相互探讨的方式获取各个调查对象的诉求以及对问题的解决思路等情况	北京公司在推动合力解决电力设施保护的根植项目中，组织政府、社区、居民、施工方和媒体等利益相关方召开圆桌会议共同商讨解决方案

TOOL-10 调查问卷的设计要求与参考模板

TOOL-11 访谈提纲的设计要求与参考模板

TOOL-12 圆桌会议的规程设置要求

工具箱

调查过程执行

在准备充分之后，即可开展相应的调查工作。前期调查工作是根植项目的关键环节，需要安排足够的人手，各司其职，分工协作做好根植项目的前期调查工作。不同调查方式在执行过程中，有各自需要注意的事项和技巧，具体如下：

问卷调查

- 应提前设计好调查问卷并邀请人试填，以修正问卷中的缺陷和不足；
- 调查对象的数量、抽样比例的设计要全面、具有代表性；
- 问卷的发放可结合公司开展的相关活动进行，适当情况下准备好填写问卷的小礼物；
- 做好问卷有效性的检查和筛选，对重要的问卷需要抽样联系被调查者，以核实问卷的真实性。

一对一访谈

- 提前预约好调查对象，保证一个小时以上充足的访谈时间；
- 准备好通俗易懂、循序渐进、逻辑连贯的访谈提纲并提前一两天发给被调查者，确保被调查者有足够的时间准备访谈的信息；
- 访谈过程中要专心倾听和记录，并与被调查者有融洽、顺畅的互动，尽可能全面、细致、深入地挖掘被调查者的信息；
- 在获得被调查者允许的情况下，尽量对访谈全程录音。

圆桌会议

- 提前协调好被调查各方的时间，保证两个小时以上充足的会议时间；
- 准备一份详尽的会议议程并提前一两天发放给每个参会人员，让其能有足够的时间准备好自己需要谈论话题的内容；
- 会议中应安排一位协调应变能力较好的项目成员作为会议的主持人；
- 会议中应保证每个成员都有发声的机会，同时也要激发起大家互动、讨论的氛围；
- 安排专门的人员做好会议记录，必要情况下做好录音。

策划项目实施方案

制定项目目标

项目目标的构成与分解

制定项目目标是对根植项目绩效的提前预估，是策划社会责任根植项目实施方案的动力和方向。

项目目标包括该项目可能对直接利益相关方带来的价值创造，给电网企业自身带来的积极变化以及给社会或环境带来的增量贡献等。

为保证项目目标的清晰和可达性，有必要将目标进一步分解为具体的绩效指标，并设置定性或定量的预期估值。

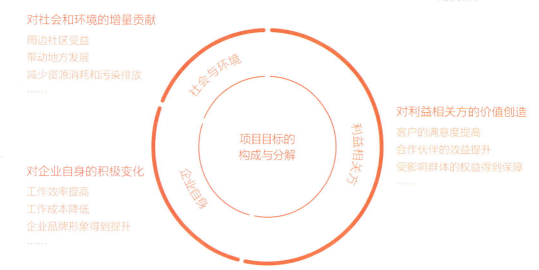

对社会和环境的增量贡献
周边社区受益
带动地方发展
减少资源消耗和污染排放
......

社会与环境

项目目标的构成与分解

利益相关方

对利益相关方的价值创造
客户的满意度提高
合作伙伴的效益提升
受影响群体的权益得到保障
......

对企业自身的积极变化
工作效率提高
工作成本降低
企业品牌形象得到提升
......

企业自身

项目目标的阶段划分

根据根植项目的难度和实施周期，可以将项目目标划分为近期目标和中长期目标，为项目实施建立分阶段的、循序渐进的工作任务。

......

平台合作的初步达成

工作方式方法的转变

绩效指标的初步变化

......

观念意识的转变

新的产业生态的形成

新的工作机制的形成

绩效指标的明显变化

近期目标（1 年左右）

中长期目标（3~5 年或 10 年）

制定项目策略

企业内部运营问题解决策略

企业内部运营问题一般是指在电网企业和利益相关方之间发生的与经营业务相关的一些问题。

解决这类问题的基本策略就是增加透明度和互动参与，将外部期望内部化、内部工作外部化，以提高企业与利益相关方之间的沟通和信任；同时改变既有工作模式、创新工作方式和方法，提升价值创造能力。

利益相关方自身问题解决策略

利益相关方自身问题一般是指电网企业的利益相关方自身发生的问题，由于这些问题在一定程度上会间接影响到电网公司的运营，因此有必要得到电网公司的重视。

解决这类问题的基本策略就是立足利益相关方视野，对利益相关方的问题感同身受，寻找第三方力量，搭建合作平台共同应对问题，通过改善利益相关方的状况进而优化电网企业的运营环境。

纯社会问题解决策略

社会层面的问题通常是指电网企业运营范围之外的，对整个社会可持续发展与公众福祉相关联的那部分问题。

解决这类问题的基本策略就是主动发现问题、暴露问题，向社会呼吁对问题的解决，寻找有助于解决问题的各方并进行资源整合，共同应对社会问题。

 范例阅读

换位思考让供电服务更快、更高、更新
——社会责任根植
推动优质服务工作创新

 范例阅读

"朋友圈"让水乡钓友远离触电悲剧
——社会责任根植
推动防钓触电安全管理创新

 范例阅读

可持续扶贫精准帮扶马边彝村
——社会责任根植
推动公益工作创新

细化工作步骤

围绕制定的项目目标和总体策略，依据拟根植的社会责任理念与方法，策划详细的工作举措与实施步骤。

工作举措应尽可能详细、清楚，有明确的实施主体、实施对象和具体的工作内容与实施顺序。

工作举措既包括电网公司内部制度流程的改变、人员意识能力的培养，也包括与外部沟通合作的建立或一种新的工作方式或管理模式等。

举措类型	示例
改变内部制度	简化业扩报装工作流程
流程	建立配电网建设全面对接政府的工作流程
内、外部沟通	社企合作，健全社区沟通协作机制
多方合作	与住建局、建筑商、行政小区办等合作解决棚户区问题
创新工作模式	创新"黑楼道"电费收缴模式 运维抢修采用一体化工作模式破解传统模式
能力建设	提供"优能UP"能效提升"微咨询" 开展电力设施产权分界点宣传与培训

对于工作举措较多的情况，可以考虑对每条举措进行重要性、可行性评估，从中筛选出效果好、可操作性强的举措优先予以实施。

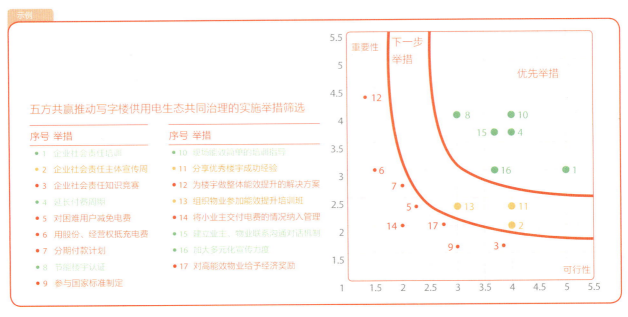

示例

五方共赢推动写字楼供用电生态共同治理的实施举措筛选

序号	举措	序号	举措
1	企业社会责任培训	10	现场能效账单的培训指导
2	企业社会责任主体宣传周	11	分享优秀楼宇成功经验
3	企业社会责任知识竞赛	12	为楼宇做整体能效提升的解决方案
4	延长付费周期	13	组织物业参加能效提升培训班
5	对困难用户减免电费	14	将小业主交付电费的情况纳入管理
6	用股份、经营权抵充电费	15	建立业主、物业联系沟通对话机制
7	分期付款计划	16	加大多元化宣传力度
8	节能楼宇认证	17	对高能效物业给予经济奖励
9	参与国家标准制定		

明晰资源保障

在项目实施方案制定过程中，需要结合项目的目标、策略以及具体的举措建立清晰的资源保障体系以保证项目方案有足够的资源支撑。

资金保障

人员保障

物资保障

结合项目实施方案中的具体举措和工作步骤，预估项目执行全过程所需的花费，提前为项目安排好预算。项目预算包括工程费、设计费、咨询费、宣传费、劳务费等，预算编制应尽可能详尽，确保每一项工作所需要的资金都能有提前的预算安排，也保证每一笔资金都能有明确的使用去向。

根植项目实施的全过程需要不同角色的人员支持和参与。在实施方案制定中，需要提前安排好所需的人员数量和人员的职责分工，保证项目能够得到顺畅、有序地落地实施。根据责任根植项目的特征，通常情况下，项目成员包括决策层、执行负责人、技术支持、沟通协调、文案宣传等不同类型。

责任根植项目执行过程还需要一定的物资保障，有些是电网企业运营过程中日常使用的各类电力设备，需要提前报批申请。有些则可能需要电网企业额外购买或租赁等。结合项目实施方案的具体举措进行逐一的清点与准备。

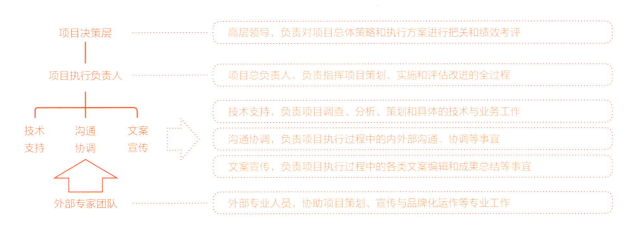

社会责任根植项目成员构成与职责分工

编写项目实施方案

社会责任根植项目实施方案的编写是项目推动的第一关，也是最为关键的环节之一。通过前期的调查、分析和对各个阶段的目标、策略、举措的制定，以统一的格式、简洁明了的风格编写实施方案，确保项目涉及的各个利益相关方都能明确了解方案的内容，并给予合作。

- 为什么要选择这个项目，项目致力于解决什么核心问题，问题产生的原因及后果是什么

- 阐明我们期望运用什么样的社会责任理念及工具方法，重新认识问题、分析问题、解决问题，致力于推进什么样的创新解决方案

- 怎样从人员、资金、机制等方面保障项目实施

- 在社会责任理念的引导下，我们考虑用什么样的创新举措或者采用什么样的新的工作方式，来推进问题的具体解决

- 准备如何与利益相关方、媒体及各级领导沟通项目

- 通过采用新的方法、举措，预计问题解决能够取得的成效，以及可能带给利益相关方、社会和企业什么样的增量价值

- 明确不同阶段的工作重点、责任部门和管控节点

说清项目背景　说清工具方法

说清资源匹配　　七 个说清　　说清创新举措

说清沟通策略　　说清预期成效

说清工作分工

项目实施与监控

召开项目启动会

项目实施方案获批通过之后，即可进入实施阶段。在实施之前，应由各地市级公司组织各个项目组召开项目启动会。

项目启动会的目的

- 提高项目组成员实施社会责任根植项目的积极性；
- 提高公司其他员工对社会责任根植项目的理解和配合；
- 提高利益相关方和社会大众对社会责任根植项目的了解和支持。

项目启动会的参会成员

- 公司领导层；
- 社会责任根植项目负责人及团队成员；
- 公司各相关职能部门和下属公司代表；
- 外部第三方机构（必要情况下）；
- 利益相关方（必要情况下）；
- 媒体（必要情况下）。

项目启动会的常规流程

- 介绍会议成员，宣布项目组成员；
- 领导做动员讲话；
- 公布项目任务及分工；
- 各成员表态。

开展项目培训

对于需要借助外部力量或提升员工技能才能顺利实施项目的情况，有必要在项目启动之后开展项目培训，邀请相关方面的专业人员对项目组成员进行相应的培训，以确保项目成员具备执行项目的能力。

组织项目实施

项目的具体推进实施是社会责任根植项目的最重要环节，是决定项目成败的关键。为了顺畅地推进项目实施，有必要从以下几点着手：

明晰的项目推进时间表
项目实施之前，应制定详细的推进时间表，制定出分解每周的工作任务和重要的关键节点。

合理高效的人员分工与协作
必须对项目成员优势能力有充分的了解，为每个成员分配与其资质能力相匹配的工作任务，必要情况下邀请外部第三方参与项目的实施。

严格的项目过程管控
项目负责人不定期召开项目沟通会，了解项目进度，督促各个项目成员尽职尽责地完成项目安排的工作。对项目过程中遇到的困难、问题，及时碰头讨论解决对策，必要时向上级机构申请协助和支持。

内外部资源的充分利用
项目实施过程中需要开展的调查或活动，可充分依托公司内、外部既有的活动载体或资源，共用场地、人员或资金，实现项目资源利用的最大化。

示例

项目准备和启动
3.18~3.25
- 组建项目设计团队
- 初步调研，访谈问题设计
- 资料搜集和研读，项目启动

分析利益相关方诉求与存在的问题
3.27~4.23
- 访谈调研
- 访谈发现
- 项目沟通
- 形成资料

架构提升物业付款愿望和能力的方案
4.2~5.11
- 召开客户认证发展计划研讨会
- 《优能楼宇认证模型和发展计划》

架构提升小业主和其他利益相关方参与共同治理的方案
5.13~5.24
- 《优能 UP 楼宇能效提升工作手册》
- 客户经理能效培训

总结、提炼、汇报
9.1~9.23
- 回访
- 总结
- 最终汇报
- 计划下一步的打算

实施试点
6.15~8.15
- 实施试点
- 调整改进

设计实施计划
6.4~6.12
- 组建推进团队
- 设计开发实施计划
- 形成汇报资料、内部确认

架构多元化媒体宣传和推广方案
5.28~6.4
- 《优能 UP 楼宇能效提升工作手册》
- 客户经理能效培训

项目信息披露

社会责任根植项目往往牵涉众多的利益相关方，做好项目信息披露有利于保证项目运行透明度，提高利益相关方对项目的关注、参与、支持和监督，保证项目有效顺畅地推进。

项目信息披露的内容

项目实施过程中需要利益相关方知晓和参与的信息包括：

- 项目的总体计划、目标和承诺；
- 项目可能给利益相关方带来的改变；
- 项目实施中涉及利益相关方关心的内容，例如，停电信息、办电流程等；
- 项目实施中需要对利益相关方进行宣传教育的内容，例如，安全用电的知识，电力设施产权分解的常识等；
- 项目实施中需要利益相关方提供支持的内容，例如，对地方政府披露当地居民小区电力设施风险等级，寻求政府的合作等；
- ……

项目信息披露的方式

- 通过企业官方信息平台发布项目信息及进展状况；
- 以发布会、开放日等形式向社会公开项目实施情况；
- 通过点对点的方式向利益相关方披露项目信息；
- 通过地方新闻媒介向社会发布项目信息。

如何
评估总结

根植项目的绩效评估

绩效评价内容
- 企业视角
- 社会与环境视角
- 利益相关方视角

绩效评价程序
- 建立指标体系
- 指标数据采集
- 评估结果分析

根植项目的成果化总结

制定项目目标
- 提前预估并分解根植项目目标绩效

项目汇报视频
- 还原语境
- 突出亮点
- 展现效果

汇报 PPT
- 策划详细的工作举措与实施步骤

新闻报道
- 横贯项目全过程
- 侧重故事性
- 选取有效的披露渠道

研究论文
- 理论深化总结
- 开展探索创新

根植项目的总结，对于发挥根植项目的社会责任传播功能至关重要，也是实现"社会责任有效知识供给"的关键环节。项目总结要突出以下几点：

- 突出项目所需要解决的问题；
- 突出项目根植了哪些社会责任理念、工具和方法；
- 突出社会责任与问题解决思路和举措创新的因果逻辑；
- 突出社会责任带来的增量贡献；
- 突出故事讲述的流畅性和问题解决逻辑的前后一致性。

根植项目的绩效评估

绩效评估内容

从企业视角评估项目绩效。 评估社会责任根植项目的实施对企业经营效率、质量和环境的影响，具体包括直接的经营业绩改善、经营成本降低、工作投入和压力降低、供电与服务质量提升、企业品牌形象提升、企业凝聚力提升、企业管理水平提升等指标。

从社会与环境视角评估项目绩效。 评估社会责任根植项目实施后给除企业自身和直接利益相关方以外的其他群体带来的额外的价值贡献，包括能耗水平降低、污染排放降低、促进产业转型升级等。

从利益相关方视角评估项目绩效。 评估社会责任根植项目的实施对项目涉及的直接利益相关方的影响，具体包括但不限于以下内容：

利益相关方	评估的内容
政府	地区经济发展、社会治安、产业升级等
电力客户	用电品质提升、办电时效提高、用电成本降低、用电安全等
员工	员工权益保障、员工素质提升、员工认同感等
合作伙伴	经营业绩改善、企业发展、品牌形象提升等
供应商	经营业绩改善、权益保障、企业发展等
周边社区	权益保障、社区发展、社区环境等

绩效评价程序

建立绩效评价指标体系

为了系统完整地评估社会责任根植项目的绩效，有必要建立一套项目评价指标体系。每个项目的社会价值和贡献各有不同，因此，指标体系的建立应结合每个项目的具体情况而定。指标也可以是定量指标和定性指标相结合。

- 绩效指标体系应包括对企业自身的贡献、对利益相关方的贡献和对社会与环境增量的贡献三个方面的内容。

- 绩效指标体系应和项目策划中的项目目标相对应，同时随着项目实施中的变化和调整，也可以适当增加或删除部分指标。

- 绩效指标体系尽可能完整、全面、独立，并且容易进行数据收集和统计。

指标数据采集

内部途径

基于企业现有的 KPI 评价系统

适用于对企业自身的经营业绩、运营成本、效率等指标

外部途径

基于利益相关方调查

适用于利益相关方贡献、社会环境贡献等方面的指标

评估结果的对比和分析

项目实施前后的绩效对比

衡量项目实施产生的价值、带来的变化

项目实施后的绩效与预期目标对比

衡量项目实施对预期目标的实现或超越程度，调整目标或改进工作方案

根植项目的成果化总结

项目总结报告

项目总结报告是社会责任根植项目的主要成果形式，对于发挥根植项目的社会责任传播功能至关重要，也是实现"社会责任有效知识供给"的关键环节。在编写项目总结报告之前，首先要认识社会责任根植项目总结与一般的工作汇报、履责实践报告的差别。

工作汇报	表达视角和重点	企业工作的开展和完成情况
	作用	用于企业内部或者向上级和监管部门的情况汇报
	目的	彰显公司工作的有效性和创新性
履责实践报告	表达视角和重点	企业做出的社会贡献和工作创造的综合价值
	作用	传播企业的履责意愿、行为和绩效
	目的	彰显负责任的企业品牌形象
根植项目总结	表达视角和重点	剖析总结社会责任推动企业履责实践创新的因果逻辑、过程和方法
	作用	让参与者和社会各界对科学的企业社会责任观的内涵与价值有比较直观和深刻的体验
	目的	让员工掌握和运用科学的社会责任理念、方法和工具

延伸阅读

"黑楼道"治理问题的工作汇报、履责实践报告和根植项目总结

工作汇报

供电企业迫于政府和社会的压力，组织开展"黑楼道"的治理工作，需要定期向政府主抓部门和社会汇报工作开展情况及成效。其表达重点是供电公司如何认真贯彻落实市政府工作部署，投入了多少人力、物力，开展了哪些专项行动，解决了多少户"黑楼道"问题，未来工作还将如何开展等。

"履行实践"报告

重点转向社会表达，强调供电企业积极履行社会责任，主动作为，创新举措，解决了多少"黑楼道"问题，让多少户居民受益，百姓生活发生了巨大变化，政府、社区、居民好评如潮，各大主流媒体高度关注等。

根植项目总结

其核心是讲述社会责任为什么能够引致我们对"黑楼道"问题的理解、分析和解决方案的深度反思和全面创新，以及这种创新为什么会有效，帮助各方找到问题的长效解决方案，创造不一样的"综合价值增量"。根植项目的表达特征必然是客观、理性、平和。我们要在项目中讲清楚，社会责任理念为什么能够推动我们以"让'黑楼道'持续地亮起来"的视角看待"黑楼道"治理问题？为什么社会责任理念能够引导形成"政府牵头、社区和居民参与、媒体报道鼓励、供电企业提供延伸服务"的各方合作解决问题的有效机制？以及这种解决社会问题的思路和方法对全社会有怎样的启发和借鉴？

项目总结报告通常包含以下几方面内容：

项目标题   **项目背景**   **项目调研与论证**

项目创新思路与举措   **项目成效**

项目标题

项目标题是项目总结报告的点睛之笔，是对项目所解决问题、根植的社会责任理念及引致的创新举措的高度提炼。一个生动、贴切而又深刻、创新的标题，意味着大家对根植项目所解决的问题及社会责任根植所带来的创新有了深刻的理解。

项目标题应符合以下几点要求：

聚焦问题，清楚地表达项目所解决的问题到底是什么，而不能泛泛地讲服务更优质、建设更高效，这也是经常说的"要挠痒痒，而不是挠后背"，深刻理解社会责任引致的创新，既包括处理问题思路的变化，也包括社会责任引致的创新举措。

项目标题应做到特点鲜明、表达新颖、利于传播，争取能让读者对项目产生了解的兴趣和深刻的记忆。

项目标题在形式上建议采取主、副标题的形式，这有利于充分传达项目的信息，同时有助于根植项目的内部分类管理，如果用于对外传播，也可以视情况不保留副标题。

主标题

解决了什么问题？根植了什么样的理念？推出了什么样的创新举措？

副标题

社会责任根植在哪个领域？社会责任推动了哪个领域工作的创新？

示例

让"黑楼道"持续地亮起来
——社会责任推动供电延伸服务创新

主标题直观地表达了根植项目解决了"黑楼道"的长效治理问题，标题要素既包括解决的问题，也包括根植的社会责任理念及引致的创新举措。

"朋友圈"让水乡钓友远离触电悲剧
——社会责任推动安全用电服务创新

主标题直观地表达了根植项目解决远离触电悲剧的问题，标题要素既包括解决的问题，也包括各方合作解决社会问题的社会责任理念，以及引致的"微信朋友圈"的创新举措。

项目背景

项目背景是项目立项的根源，也是项目实施的根本前提。项目背景要表达的核心内容是：

- 项目涉及的问题是什么？
- 问题产生的原因和严重性？
- 项目实施的必要性？

项目背景的确立和编写应该符合以下几点要求：

立足电网企业

项目背景应立足电网企业，要清晰界定电网企业与该问题的相关性，该问题可能给电网企业带来怎样的影响？电网企业为什么需要关注和致力于解决该问题？

利益相关方视野

项目背景还应兼顾利益相关方视野，站在利益相关方的角度查看该问题的严重性，可能给利益相关方带来怎样的影响？关注和解决该问题可以给企业建立和谐的利益相关方关系带来怎样的益处？

兼顾宏观视角

项目背景还应兼顾宏观视角，从社会大环境中看待该问题发生的背景、原因和带来的社会影响；宏观背景下遇到的新老问题、事情的来龙去脉，描述现象、现状；分析关注和解决该问题可以为电网企业的经营环境带来怎样的益处？

示例

立项背景

老旧小区电力设施故障频发应对乏术

鞍山市全市共有居民小区 1614 个，其中有物业管理的小区占总数的 24%，老旧居民楼占总数的 62%，弃管小区占总数的 5%。缺乏物业管理的小区电力设施不仅年久失修易发生故障，且在出现故障时往往也找不到管理维护的主体，严重影响居民的用电品质。

居民产权分界点意识模糊容易引发服务投诉

长期以来，居民客户对供电设施产权分界点概念模糊，认为"供电公司收电费就得管停电问题"，经常就客户侧问题进行报修。当供电企业难以维修或不便维修时，容易引发客户的不满，甚至造成无理投诉。据统计，鞍山公司 2014 年接到的投诉工单中涉及客户产权问题的投诉占到 37%。

外部形势倒逼企业着力解决客户侧问题

随着新电改方案的全面实施，电网企业多年的垄断经营被打破。企业必须充分认识到优质服务的必要性，从电力客户的实际需求出发，不断提高客户对企业的满意度，促进企业持续健康发展。

项目调研与论证

项目调研与论证是对项目背景的进一步细化和深化，是产生项目创新思路与举措的思考过程。项目调研与论证应该包括以下几点内容：

调研的范围和方法

调研范围包括地理范围、人群范围以及时间范围等，总结时应尽量用清晰简洁的图表、数字或地图等方式概述调研的范围。

调研中的具体发现

在总结调研中的具体发现时，应注重分析公司原来的工作方式是什么，原有工作方式的优、缺点和可改进的空间？调研对象对电网企业的诉求和意见是什么？解决该问题有哪些外部资源和优势没有得到充分发挥？对调研中的发现应归纳为若干条逐项进行阐述，阐述应论点鲜明、论据充分，尽量结合调查的结果进行分析。

有关社会责任根植的思考

对有关社会责任根植的思考是一个理论结合实际探索问题解决之道的过程。在总结这部分内容时，应围绕"为什么需要根植"、"根植什么"、"怎么根植"三个方面进行分析和阐述。

为什么需要根植	分析电网企业在处理问题上欠缺社会责任的理论和方法，或某个社会责任理论或方法有助于解决该问题
根植什么	总结提炼某个需要根植的社会责任理念或方法的定义、内涵以及在该问题上的具体体现
怎么根植	将社会责任理念方法融入到问题的解决过程中的总体思路

 范例阅读

外部期望内部化创造服务改进新路径
　　——社会责任根植推动客户服务创新

项目创新思路与举措

该节内容是项目总结报告中系统深入阐述项目实施的总体思路和过程的核心篇章，对项目创新思路与举措的写作要求包括以下几条：

模型统揽

模型统揽是指对项目的总体思路进行理论上的总结和提炼，最终归纳为具有项目特色的模型统揽有助于提高项目的理论创新水平，有助于读者清晰完整地了解项目的整体运作机制和思路。

案例运用

对项目实施过程中具有代表性的小案例、小故事可做详细描述并穿插在项目报告中以增强报告的生动感和可读性。

图片运用

在项目实施过程中应注重对相关活动举措进行拍照记录，选取与主题最为贴合且质量精美的图片穿插在项目总结报告中，增强报告的可读性和说服力。

逻辑清晰

对项目实施举措的总结应尽量逻辑清晰，将各类举措根据不同的特征归纳为相应的类型。举措的逻辑一般包括变化逻辑、内外逻辑和对象逻辑等。

变化逻辑	对根植前后的举措变化分类阐述
内外逻辑	对属于电网企业直接工作的内容和电网企业外部其他主体工作的内容分类阐述
对象逻辑	针对不同的利益相关方所开展的工作分类阐述

项目成效

全面总结成效

项目实施带来的变化要全面总结，包括对企业内部运营的改善、为外部相关方创造的价值以及对社会环境的增量贡献，都要逐项论述和总结。

对企业内部运营的改善：

- 企业面临的运营问题是否得到解决？
- 是否带来业务创新？
- 是否带来业务流程的优化？
- 是否带来运营方式的变化？
- 是否带来管理方法的创新？
- 是否带来外部认知和品牌形象的提升？

为外部相关方创造的价值：

- 是否解决了利益相关方面临的问题？
- 是否为利益相关方创造了综合价值？
- 是否合理满足了利益相关方的期望和偏好？
- 是否带来利益相关方满意度的提升？
- 是否充分发挥了利益相关方的价值创造潜能？

对社会环境的增量贡献：

- 与项目相关的社会问题是否得到解决？
- 是否促进地方经济的发展？
- 是否促进地方环境的改善？
- 是否促进当地社会的和谐？
- 是否促进社会资源的优化配置？

示例

彻底改变安全隐患排查治理工作方式。改变了原有的供电公司单一主体参与、实施过程指令性质为主的模式，形成了政府、供电企业和客户共同参与、共同负责的安全隐患排查模式，参与各方责任边界更明晰，排查治理进度、效果显著提高。

员工主动服务意识得到提升。员工在观念上从"管理者"转变为"服务者"。在内部，"治理整顿"变成了"隐患排查"工作；对外沟通时，"工作检查"变成了"供电安全健康诊断"，主动意识和履责意识不断提升。

大幅降低高危客户经济损失风险。2015 年以来，累计排查出隐患 10130 项，整改隐患 8307 项，客户设备健康率达到 83%，避免高危客户突发停电造成的经营损失减少 1200 余万元。公司管辖客户产权线路和因客户原因引起的线路跳闸次数同比降低 40%，相当于多供电量 300 万千瓦时。

各方满意支持力度明显增强。政府部门对供电公司积极落实工作要求、保障高危企业供电安全的做法给予充分肯定，与安监局、公安局、经信委等部门的配合更加密切，工作更加高效；高危企业对电力安全隐患排查的配合更加主动，既保障了安全生产，又提升了企业效益，客户满意度达 94.5%。

绩效对比的图形展示

项目实施前后的绩效要鲜明、生动、易于理解。尽量用数据、折线图、趋势图、柱状图等反映项目实施前后的变化。

附加成果

如果项目实施给电网公司带来了荣誉、奖励等额外的附加成果，应一并在项目总结报告中体现。

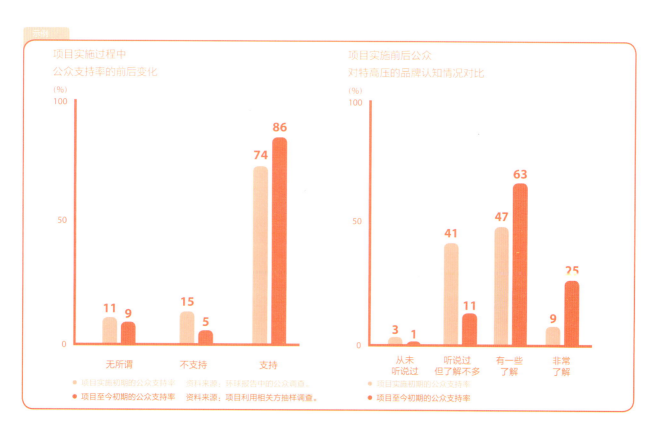

项目实施过程中
公众支持率的前后变化

○ 项目实施初期的公众支持率　资料来源：环球报告中的公众调查。
● 项目至今初期的公众支持率　资料来源：项目利用相关方抽样调查。

项目实施前后公众
对特高压的品牌认知情况对比

○ 项目实施初期的公众支持率
● 项目至今初期的公众支持率

项目汇报视频

根植项目的汇报视频是项目总结报告的影响化表达，能更好地展示和传播项目，让人很容易了解公司社会责任根植项目及其为社会创造的增量价值。

视频的内容要素

- 营造或者还原语境。在人们熟悉的真实的问题语境中，讲述根植项目的目的，如遇到以前没有遇到过的新问题，或是老问题一直解决得不理想，或是发现某项工作有一种新的工作方式。

- 追求人格化表达。在寻求解决方案的过程中，遇到的困难、波折、不理解、不配合，甚至是刁难、阻挠、伤害，都应该真实地展现出来。展现得越充分，越能体现工作的难度和解决问题的决心。

- 传递社会责任理念。需要明确交代项目运用了哪些社会责任理念、方法、工具来分析问题和设计解决方案。项目人员进行分析、设计的过程，直接能够体现项目的核心价值观。

- 突出工作亮点。项目推进过程中，有哪些与别人不同、与自己以往工作方式也不一样的创新举措需要重点突出。推进这些举措过程中的冲突和意外更能提升项目的看点。

- 展现项目效果。项目的最大贡献是，通过根植，不仅实现了原有工作方式的变化和提升，而且给全社会解决急难险重的老大难问题提供了新视角、新思路、新模式。

做好视频的几个要点：

- 讲一个完整的故事。
- 讲故事时尽量选用悦耳动听、舒缓悠扬的背景音乐，慎用激昂亢奋的音乐刺激观众。
- 故事的节奏要快慢结合，情节应该留有悬念，在关键的节点抖开包袱。
- 塑造一个或者一群有血有肉的普通人、正常人，这些人必须有缺点、有纠结、有挣扎、有喜怒哀乐，必须不完美，因为不完美才真实可信。
- 让参与根植项目的人对着镜头讲述，能增加可信度和感染力。
- 对项目成效的评价要有利益相关方的声音，用别人的嘴讲出赞美的话。
- 对于理念、方法等不适合用具体影像表现的内容，可考虑设计为动画。

汇报 PPT

汇报 PPT 是对项目成果的进一步提炼，主要用于向上级主管机构或外部利益相关方进行汇报、交流或培训。对汇报 PPT 的制作要求主要有以下几点：

整体内容要简洁明了

文字不宜过多，内容不必面面俱到，但需高度凝练，注重提炼和使用关键词。

叙事方式要有吸引力

带着问题开场，以讲故事的方式讲述项目实施的全过程，用动画的形式让故事讲述更为清晰。

呈现形式要活泼生动

多用具有震撼力的数字，多用流程图、模型图，多用能表现主题的图片。

新闻报道

新闻报道是项目成果社会化传播的重要手段。对传播渠道的选择应充分考虑目标受众是否与社会责任根植项目想要影响的人群相一致。互联网时代，应该重视年轻人群较活跃的社交网络和社交媒体平台，多利用新媒体进行形式多样的传播。同时，需要注意展示根植项目的完整过程和综合绩效，用深度报道赢取公众对项目的全面理性认知。

研究论文

对于具有较大理论创新价值的社会责任根植项目，建议做进一步的理论深化和总结，形成学术成果并发表，为社会责任理论研究创造价值和贡献，并进一步为公司社会责任工作的开展探索创新之路。

如何
改进提升

项目实施中的改进调整

基于内部协同的改进调整
> 召开沟通会
> 收集内部各方意见

基于外部利益相关方反馈的改进调整
> 设立意见反馈渠道
> 收集各方态度和建议

项目实施中的机制固化
> 反馈修改
> 形成规范工作机制

项目实施后的改进提升

项目的周期管理
> 总结不足
> 持续改进

项目成果的推广应用
> 地域间
> 系统间
> 行业间

项目实施中的改进调整

基于内部协同的改进调整

项目组有必要与项目涉及的内部职能部门及子公司不定期召开沟通会，并在会上了解其对社会责任根植项目的态度和建议，收集内部各方的意见，以此为参考进一步调整改进项目的实施方案和目标。

需要收集的意见主要包括但不限于以下内容：

- 该项目的实施是否给职能部门的工作内容、流程或方式带来变化？

- 这种变化是否有利于职能部门更好地开展工作？

- 该项目的实施是否给职能部门增加额外的负担或利益冲突？

- 该项目是否有更好的解决途径和方法？

基于外部利益相关方反馈的改进调整

项目组有必要在项目实施中不定期召开利益相关方沟通会或设立意见反馈渠道，收集各方对社会责任根植项目的态度和建议，并以此为参考进一步调整改进项目的实施方案和目标。

需要收集的意见主要包括但不限于以下内容：

- 该项目的实施是否给利益相关方的生产生活方式带来变化？

- 这种变化对于利益相关方而言是积极的，还是消极的？

- 该项目的实施是否给利益相关方增加额外的不便或负担？

- 该项目是否有更好的解决途径和方法？

项目实施中的机制固化

对项目实施中创造或形成的一些新的工作流程、方式或方法，在基于内部协同和利益相关方反馈修改的基础上，应固化为较为严肃和规范的工作机制，保证项目后续的稳定执行。

项目实施后的改进提升

项目的周期管理

项目的周期管理是指每年在项目总结的基础上提出下一年持续改进提升的目标与任务。实施项目周期管理适用于具有长期影响、需要投入较长时间和精力的项目。

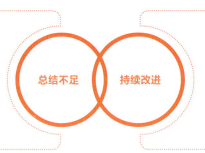

总结项目实施中还存在哪些局限性、哪些不足和问题。例如，项目调查的样本是否足够，根植的社会责任理念是否切合实际，项目实施举措是否达到了满意的效果，外部合作是否有待进一步发展，项目成效没有达到预期目标的原因等。

在自我总结项目局限性的基础上，分析实际绩效与预期成效的差距，制定本项目持续改进提升的目标并将目标落实为具体的任务分解到相关的职能部门中。

项目成果的推广应用

**地域间的
推广应用**

地域间的推广应用是指将项目的影响范围从区县等某个试点区域向更大的地理范围扩展。地域间的推广应用的难度和变化较小，根植项目的经验和方法可以直接进行复制。在推广过程中，应选择具有较大共性的地域进行推广应用。

**系统间的
推广应用**

系统间的推广应用是指将项目从某个职能部门或子公司向其他职能部门或子公司进行复制推广。系统间的推广应用难度和变化较大，需要考虑不同职能部门或子公司之间的特征和差异，选择项目中具有普世意义的方法进行推广。

**行业间的
推广应用**

行业间的推广应用是指将项目从国家电网公司向石油、电信等其他行业的推广。行业间的推广难度最大，需要政府等第三方机构的推动以及相关行业的自愿参与。电网企业在行业间推广应用中主要发挥知识传播和分享的职责，具体的推广应用工作需要其他相关行业切身投入和执行。

04

MECHANISMS
社会责任根植项目的管理机制

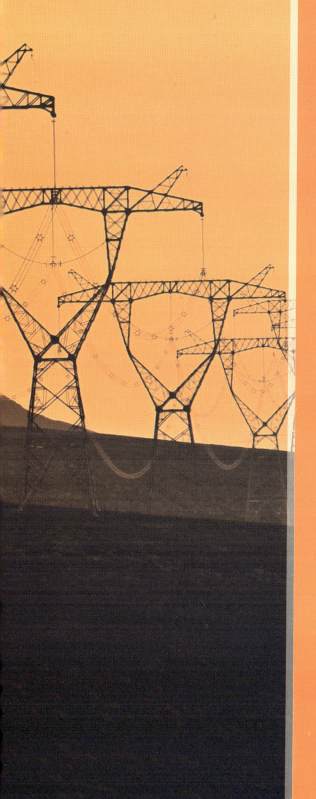

- 如何统筹所有社会责任根植项目的推进?
- 参与主体有哪些?
- 各自的工作职责是什么?

组织
管理

成果
管理

绩效
管理

过程
管理

规划
管理

- 为什么要编制社会责任根植项目规划?
- 社会责任根植项目规划和计划应该如何编制?

- 如何监督把控所有社会责任根植项目立项、策划、实施、总结的全过程?

- 如何对所有社会责任根植项目的实施成效进行评估和评优?

- 如何对开展社会责任根植项目取得的成果进行分享、传播和转化应用?

组织管理

社会责任根植项目不是公益慈善项目，而是改进企业运营方式和环境的管理项目，需要有纵向到底、横向到边的强有力的组织保障和紧密有序的工作机制。

社会责任根植项目组织程序

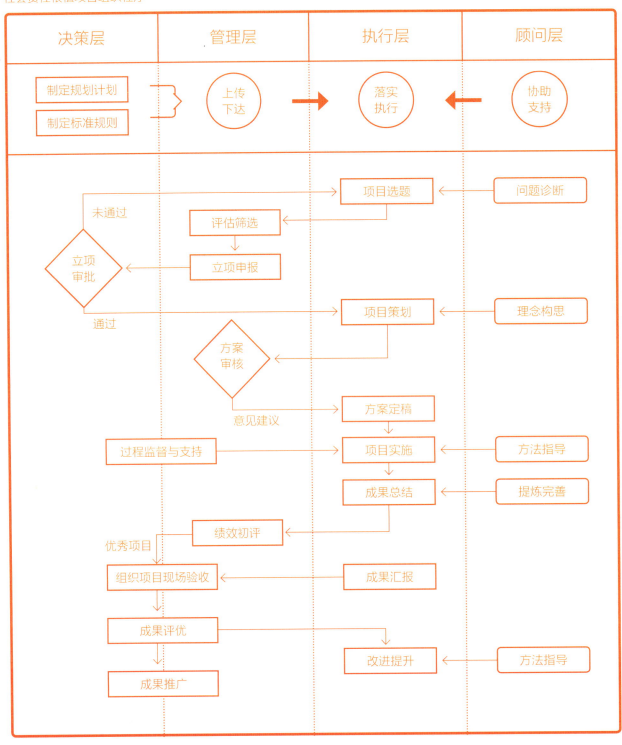

决策层工作职责

决策层由国家电网公司外联部担任，主要负责对公司社会责任根植项目的总体规划，对政策标准进行宏观指导。具体的工作职责包括：

- 制定社会责任根植项目的管理规划；
- 制定社会责任根植项目评价标准和考核政策；
- 组织开展社会责任根植项目的审批与成果验收。

管理层工作职责

管理层由各个省公司外联部担任，主要负责对公司社会责任根植项目进行过程管理、绩效管理和成果管理。具体的工作职责包括：

- 对社会责任根植项目的选题和方案进行把关；
- 对社会责任根植项目的实施过程进行监督；
- 对社会责任根植项目成果进行现场验收与考核；
- 组织开展社会责任根植项目的成果分享与传播。

执行层工作职责

执行层由各地市公司、县公司、供电所、基层班组等担任，主要负责社会责任根植项目的实际执行和操作。具体的工作职责包括：

- 全程负责社会责任根植项目的选题、策划、实施、绩效评估、成果总结与改进提升；
- 接受并执行决策层、管理层和顾问层对社会责任根植项目的管理要求和修改建议；
- 协调社会责任根植项目实施过程中涉及的各个职能部门与利益相关方的关系和工作。

顾问层工作职责

顾问层由外部专家团队担任，主要负责对社会责任根植项目提供专业的指导和培训等。具体的工作职责包括：

- 指导社会责任根植项目问题的诊断和选题；
- 指导社会责任理念和方法的根植思路和全过程的实施；
- 指导社会责任根植项目成果的总结；
- 指导社会责任根植项目的改进提升。

规划管理

编制社会责任根植项目规划

社会责任根植项目规划的编制意义

社会责任根植是指从社会责任角度分析和发现公司生产运营中的各类问题、需求和趋势，并有效应对和解决以改进和提升公司的管理水平和运营环境。一家企业往往面临各种各样的问题，涉及不同的利益相关方，要从社会责任角度系统化地提升公司的运营绩效，有必要制定社会责任根植项目规划，有方向、有重点、有计划地推进社会责任根植工作。

社会责任根植项目规划的适用主体

编制社会责任根植项目规划是一项系统工程，是指导企业更加科学有序地部署社会责任根植项目的行动指南和工作纲领，一般适用于国家电网公司总部或省公司级别，由决策层和管理层来共同决定社会责任根植工作的大方向和重点领域。

社会责任根植项目规划的编制步骤

| 分析企业自身的运营和外部环境 | 设定社会责任根植的中长期目标 | 制定社会责任根植项目备选清单 | 确定社会责任根植项目推进优先顺序 | 建立社会责任根植项目的保障机制 |

部署根植项目年度工作计划

将社会责任根植项目规划的中长期目标分解为年度任务，制定社会责任根植项目的年度工作计划，包括拟推动的社会责任根植项目类型、数量和关注的领域，拟达到的成效和总体预算投入等。年度工作计划由国家电网公司总部或省公司负责制定。

TOOL-13 社会责任根植项目规划编制大纲

TOOL-14 社会责任根植项目年度工作计划编制大纲

工具箱

过程管理

组织项目申报与审核

每年年初，经过项目选题及项目重要性、可行性的评估，筛选出既具有可操作性又对经济社会环境有重要价值的优选项目予以立项，并填写立项申报表递交国家电网公司总部进行审批。立项申报的工作由各省公司组织，各地市、县公司具体执行，主要工作包括：

组建项目团队

项目立项之后，需要对项目策划、执行和评估全过程进行职责分工以及配备相应的工作团队。根据项目的操作难度以及与公司日常运营的关联程度，项目的组织形式可分为职能制和项目制两种形式。同时，还需要考虑是否聘请外部第三方机构予以协助。

两种项目团队组织形式

类型	特征	适用情况
职能制	基于企业现有职能部门的职责分工，将项目任务分解到相应的职能部门和岗位	适用于与企业运营较为密切的项目和难度较小、预算较低的项目
项目制	从各个职能部门抽调人员成立项目组，专职负责项目的策划、执行等全过程	适用于利益相关方或社会层面的项目和难度较大、预算较高的项目

提交项目申报表

项目申报表包括项目名称、项目执行范围和周期、项目初步思路、项目预期成果、项目重要性与可行性分析、项目团队和项目预算等各项内容，对每一个立项的项目均需要填写一份立项申报表及申报表填写参考工具。

组织项目立项审批

由国家电网公司社会责任处负责根植项目的立项审批工作，召开专家会对提交的项目申报表进行逐个的审阅和讨论。对审批通过的项目统一发文，向各个省公司和地市级公司通告项目的立项并给予资源支持。

TOOL-15 社会责任根植项目立项申报表模板
TOOL-16 社会责任根植项目立项审批文件编制模板

工具箱

项目方案审核

各项目执行团队在完成根植项目的实施方案编制之后，由各省公司组织其下属的地市、县公司或供电所等召开专家讨论会，基于项目方案审核的"五可"标准，对实施方案进行评估，出具审核评估结果，以指导各个项目组进一步完善方案的可行性和实操性。

目标可达	内容可读	方法可见	举措可行	成本可控
• 项目实施方案的行动安排是否能有效实现项目的预期目标？ • 是否将目标分解为阶段性目标？ • 每个目标是否有相应的行动做支撑？	• 项目实施方案的整体编写是否逻辑严密、思路清晰、内容有序？ • 项目实施方案的操作思路是否利于执行人阅读和理解？	• 项目实施方案中是否根植了明确的社会责任理念或方法？ • 根植的社会责任理念或方法是否落实为具体的行动安排？	• 项目实施方案中设计的行动举措是否可操作？ • 项目实施方案中设计的行动举措是否存在潜在的风险？	• 项目实施方案执行所制定的成本预算是否能满足项目实施的需要？ • 项目实施方案执行所制定的成本预算是否经济合理？

项目过程监督

项目过程监督的意义

保证项目按计划有序推进
督促项目组成员尽职尽责推进项目实施
及时跟踪并解决项目中出现的新问题

项目过程监督的执行人

公司管理层（项目决策层）、项目负责人

项目过程监督的内容

项目是否按计划如期进行？
项目实施是否取得预期的成效？
项目实施是否有充足的资源保障？
项目组成员是否尽职尽责开展工作？
项目实施中遇到哪些新问题、新情况？
项目实施中有哪些新的解决思路和方法？

项目过程监督的实现形式

项目组定期制作工作简报并上报项目负责人与决策层；简报的周期可为周报、半月报或月报，具体根据项目实施周期长短和复杂程度而定；简报制作形式参见工具箱。

项目组定期召开汇报会，向项目负责人以及项目决策层汇报工作开展的进度、面临的问题和拟解决的思路；项目汇报的周期可为月报、季度汇报或中期汇报等，具体根据项目实施周期长短和复杂程度而定。

临时抽查由项目负责人组织实施，临时召开一对一访谈或小组座谈，向项目组了解工作的进展情况和成员的尽责情况。

绩效管理

根植项目评价考核主体

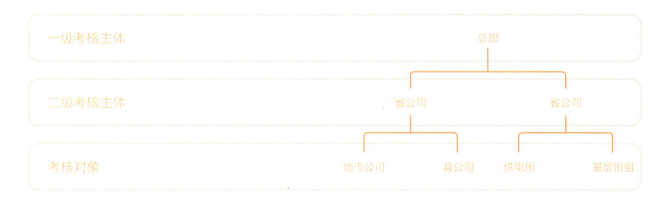

一级考核主体由国家电网公司外联部担任，主要负责制定考核标准、程序、奖惩政策和对各省公司上报的优秀社会责任根植项目进行终极考评。

二级考核主体由省公司外联部担任，主要负责对各管辖范围内的社会责任根植项目进行绩效考评和现场验收，并评选出优秀项目上报总部。

社会责任根植项目考核的对象是项目的执行层，即负责选题、策划与实施根植项目的地市公司、县公司、供电所或基层班组。考核主要依据根植项目评价考核标准进行。

根植项目评价考核标准

社会责任根植项目评价考核标准是评估项目达标和优秀程度的依据。考核标准应由国家电网公司外联部牵头，由各省公司和外部社会责任专家共同参与制定而成。

根植项目评价考核程序

项目绩效初评为每年年末，由各省公司自行组织实施。

绩效初评的目的是从各省范围内对相应的根植项目的实施绩效进行总结和评估，并评选出优秀的社会责任根植项目参与国家电网公司总部的终评。

绩效初评的方式可以是成果提交、现场汇报，或者两种形式结合，由各省公司自行决定。

绩效初评的参考依据为《国家电网公司社会责任根植项目评价考核标准》。

项目现场验收一般安排在项目绩效初评之后，由各省公司自行组织实施或省公司间成立项目验收组交叉进行验收。

项目验收的目的是对经过初评的项目进行实地考察，验证项目实施过程和成效的真实性。

项目验收的方式包括现场听取汇报、参观走访里程碑事件、抽样回访利益相关方等。对于现场验收中发现不符合标准的项目，将取消其申请国家电网公司总部优秀项目的资格。

项目绩效终评一般安排在项目现场验收之后，由国家电网公司外联部负责组织实施。

项目绩效终评的目的是对各省公司上报的优秀项目进行最终考评，优选出公司系统内的优秀项目，对相应的项目执行团队给予表彰并编制成果对外发布。

项目绩效终评的方式应是项目现场验收和资料上报相结合。成立包括国家电网公司总部、省公司和外部专家在内的评审团队，对各汇报的项目进行交叉打分，并最终依据评分决定项目的成绩。

TOOL-20 社会责任根植项目现场验收考评标准

TOOL-21 社会责任根植项目绩效终评表

工具箱

成果管理

成果提炼与发布

对评选出的优秀社会责任根植项目,应提炼其成果中的精髓,以案例、新闻报道、图片、视频或论文等多种方式进行总结,并对外发布。

国家电网公司社会责任根植项目案例选编（2014~2015）

经验分享与传播

优秀的社会责任根植项目都有较多的理念创新、技术创新、方法创新和机制创新。对于这些创新的成果和经验,可以邀请社会各方、业内外人士召开项目研讨会、交流会或发布会,分享和传播根植项目的有益经验,也可以通过媒体广泛宣传报道,为全社会提供创造综合价值的思路和方法。

落实制度机制

对社会责任根植项目中的制度创新、流程创新和机制创新,在经过实践检验的基础上,可考虑将创新的制度流程进行固化,形成公司制度体系的一部分,在更大范围内进行普及和推广,从整体上改进公司的运营管理效率和水平。

提炼管理工具

对社会责任根植项目实施过程中应用或开发的管理工具,在经过实践检验的基础上,选择操作性强、效果优良的管理工具进行总结提炼,形成国家电网公司社会责任根植项目管理工具箱,并将这些工具在更多领域和范围内进行应用和推广,切实提升公司社会责任管理的效能和水平。

附件
工具箱
TOOLS

TOOL-1 选题阶段职能部门访谈提纲模板

社会责任根植项目选题的部门访谈提纲

访谈对象：_____ 　　所属部门：_____

访谈时间：_____

访谈问题：

1. 请简单介绍贵部门的职能工作，与社会的接口在哪里？

2. 与贵部门往来较多的利益相关方都有哪些？

3. 和利益相关方之间有哪些长期存在的矛盾、纠纷或难题？

4. 这些矛盾、纠纷是否属于电网企业的职责范畴？

5. 利益相关方近些年生产经营或生产生活是否面临困境？这些困境是否间接影响到电网公司的发展？

6. 是否有利益相关方向部门提出过明确的诉求？电网企业是否有资源条件来解决利益相关方的诉求？

7. 贵部门希望依托社会责任根植项目解决哪些问题？

TOOL-2　选题阶段利益相关方访谈提纲模板

社会责任根植项目选题的利益相关方访谈提纲

访谈对象：_____　　所属类型：_____

访谈时间：_____

访谈问题：

1. 请介绍经常与您往来接触的电网公司的职能部门以及您对他们的印象？

2. 近些年您与电网公司是否发生过矛盾或冲突？造成这些矛盾或冲突的主要原因是什么？

3. 您在近些年生产经营或生活中是否面临困境？您觉得解决这些困境需要哪些外部资源的支持？

4. 是否向电网公司相关部门提出过明确的诉求？它们是如何回应的？

5. 您对于电网公司履行社会责任的总体评价是什么？

6. 您是否了解电网公司正在开展的社会责任根植项目？

7. 您希望电网公司能依托社会责任根植项目解决哪些问题？

TOOL-3 选题阶段企业内部运营问题的归纳总结模板

问题名称	
归属部门	
所属领域	
涉及的利益相关方	

问题描述：

利益相关方态度意见：

是否纳入社会责任报告项目选题	□是	□待定	□否

TOOL-4　选题阶段利益相关方自身问题的归纳总结模板

问题名称	
利益相关方	
牵涉的职能部门	

问题描述：

与企业的关联情况：

是否纳入社会责任根植项目选题	□是	□待定	□否

TOOL-5　社会公共事务部门和社会公益组织访谈提纲模板

社会公共事务部门和社会公益组织访谈提纲

访谈对象：_____　　　所属类型：_____

访谈时间：_____

访谈问题：

1. 您所在机构的业务范围和工作领域？

2. 您所在机构主要关注的社会问题有哪些？您采取了哪些措施应对所关注的社会问题？

3. 您与哪些企业或机构建立了合作关系，合作的形式是什么？

4. 您所在机构对电网企业的关注点在哪里，有哪些诉求？

5. 您对于电网公司履行社会责任的总体评价？

6. 您是否了解电网公司正在开展的社会责任根植项目？

7. 您希望电网公司能依托社会责任根植项目解决哪些社会问题？

TOOL-6 选题阶段社会问题的归纳总结模板

问题名称	
涉及的群体	
关注的机构	

问题描述：

与企业的关联情况：

是否纳入社会责任根植项目选题	□是	□待定	□否

TOOL-7　社会责任根植项目初选清单填写模板

序号	项目名称	项目关注的问题	项目覆盖的范围	项目的初步工作思路	项目拟达成的绩效

TOOL-8　项目筛选评估标准

	五个导向	评分标准	
必选项	**问题导向**	能看出项目所聚焦的具体问题	1分
		项目所聚焦的问题是企业、利益相关方或社会普遍存在和关注的问题	1分
		项目所聚焦的问题是以往未曾被发现的新问题	1分
	变化导向	项目将引发对问题新的思考和理解	1分
		项目将带来新的工作举措和解决方案	1分
		项目将给企业带来新的管理方式的变革	1分
	价值导向	项目将给企业创造增量价值	1分
		项目将给利益相关方创造增量价值	1分
		项目将给社会和环境创造增量价值	1分
可选项	**特色导向**	项目具有典型的地域特色	2分
		项目将为解决当地特色问题提供新的思路和模式	1分
	品牌导向	项目有品牌化的运作思路和设计	2分
		项目中有植入和展示公司品牌形象的空间	1分

TOOL-9　项目筛选评估表参考模板

备选项目清单	评估得分					评估结果		
	问题导向	价值导向	变化导向	特色导向	品牌导向			
						□落选	□通过	□优先
						□落选	□通过	□优先
						□落选	□通过	□优先
						□落选	□通过	□优先
						□落选	□通过	□优先
						□落选	□通过	□优先
						□落选	□通过	□优先
						□落选	□通过	□优先
						□落选	□通过	□优先
						□落选	□通过	□优先
						□落选	□通过	□优先
						□落选	□通过	□优先
						□落选	□通过	□优先
						□落选	□通过	□优先
						□落选	□通过	□优先
						□落选	□通过	□优先
						□落选	□通过	□优先
						□落选	□通过	□优先
						□落选	□通过	□优先
						□落选	□通过	□优先
						□落选	□通过	□优先
						□落选	□通过	□优先
						□落选	□通过	□优先
						□落选	□通过	□优先
						□落选	□通过	□优先

TOOL-10 调查问卷的设计要求与参考模板 a

调查问卷的设计要求

1. 弄清调查目的
问卷调查主要是获取结构化、定量化的信息，便于掌握被调查者总体的状态分布、趋势、态度和倾向等。在设计问卷之前，要首先明确该调查的目的是什么，该调查要获取的主要信息是什么，再依据目的确定调查对象、问题假设和答案设置。

2. 明确调查对象
根据调查的目的，再确定问卷需要涉及的调查对象的范围，是多个利益相关方还是某一类利益相关方？在问卷设计之前，最好能与个别利益相关方进行面对面的沟通，以熟知利益相关方的沟通习惯和对问题的基本态度。

3. 提出问题假设
在问卷设计之前，首先要根据本次调查的目的和调查对象提出问题假设。例如，要了解利益相关方对企业信息传播的接受情况，就需要提前假设不同年龄段的人对信息获取的渠道有不同的偏好；要了解利益相关方对企业某项工程的支持态度，就需要提前假设不同类型的利益相关方受到工程影响的态度也会随之发生变化等。

4. 设置问题和选项
依据问题假设设计具体的问题和每个问题的答案选项。问题要简单、明确、不能让填写者产生歧义；问题要服务于调查的目的，服务于社会责任根植项目的研究。对答案的设置通常以选择题为主，个别信息为填空题。选择题中的答案设置要全面、中立、逻辑分明，避免重复、混淆和误导。

5. 其他格式要求
调查问卷之前要有一小段开篇说明，向被调查者讲明本次调查的目的和希望得到的配合等；开篇说明之后需要有一段填表说明，告诉填表人基本的填表要求和注意事项；每份问卷应设置相应的编号以便后期整理；对每个问题和选项也应设置相应的编号，以便后期的录入和统计。

TOOL-10   调查问卷的设计要求与参考模板 b

参考模板——特高压品牌认知度及诉求调查问卷

尊敬的用户：

您好！为满足浙江尤其是诸暨地区的经济发展和人民生活需求，宁东 — 浙江 ±800 千伏特高压直流工程将穿越诸暨境内并在诸暨境内建造一座特高压换流站。本问卷旨在了解各位用户对于特高压工程的认知、理解和诉求，为指导我们完善诸暨特高压工程建设提供思路和参考。非常感谢您抽出时间填写我们的问卷。

1. 您属于以下哪类群体？（可多选）

☐地方政府　　☐企业客户　　☐居民客户　　☐工程周边居民　　☐其他＿＿＿＿＿

2. 您的文化程度？

☐高中及以下　　☐大专　　☐本科　　☐硕士及以上

3. 您的职业？

☐农民　☐个体工商户　☐企业主　　☐公务　☐企事业单位员工　　☐其他＿＿＿＿＿

4. 您是否了解特高压？

☐非常了解　　☐有一些了解　☐听说过，但了解不多　　☐从未听说过

5. 您是通过哪些渠道了解特高压的？

☐电视广播　　☐报刊杂志　☐互联网　　☐电力公司宣传活动

☐听别人讲述　　☐其他

6. 提到特高压，您会联想到以下哪些内容？（可多选）

☐长距离输送电力提高了资源配置效率　　☐更好地满足当地的用电需求

☐电从远方来，更清洁、更环保　　☐提高了电网整体的装备技术水平

☐完善电网网架结构，为长远发展提供坚强的电力保障

☐能源发展的必然趋势，全球能源互联网的核心工程

☐占地拆迁　　☐电磁辐射　　☐高压触电危险　☐有噪声　　☐影响自然景观

7. 您是否知道诸暨正在建设特高压工程？

☐知道，一直在关注　　☐听说过　　☐不知道

8. 您对诸暨建设特高压工程的态度是？

☐利国利民，非常期待　　☐与我无关　　☐有点担心和抵触

9. 您对诸暨供电公司建设特高压工程的总体评价？（可多选）

☐非常满意，公司在处理特高压工程建设中，在各类问题上都能做到透明、诚信、负责任，没有对我的生活造成影响

☐比较满意，公司在特高压建设中在个别问题上有失妥当但经过沟通或投诉及时纠正完善，没有对我的生活造成影响

☐不太满意，公司未能有效处理特高压工程中的各类社会矛盾和冲突，对我的生活造成了一定的影响

☐非常不满意，公司完全没有社会责任感，对我造成的影响也没有有效的应对

TOOL-11　访谈提纲的设计要求与参考模板 a

访谈提纲的设计要求

1. 访谈目的

在根植项目的调研阶段，访谈的目的主要是了解被调查者关于社会责任根植项目所涉及的问题的看法、态度和意见，共商解决问题的思路和办法，为根植项目后续的策划与实施奠定基础。访谈相比问卷调查，可以挖掘更加深入、更加生动的信息。

2. 访谈对象的选择

鉴于访谈的目的，访谈对象的选择应该满足以下几项原则：

利益相关者原则。访谈对象必须是对根植项目有着核心利益关系的人，主要包括两类：一类是受到根植项目直接影响的个人或团体；另一类是可以给根植项目提供支持和协助的个人或团体。

最佳知情人原则。访谈对象尽量选择利益相关者中最具知情权的人，以便给项目提供最为清晰、准确和全面的信息。

最具影响力原则。访谈对象尽量选择在被调查群体中具有一定话语权和影响力的人，以便后续根植项目推进的顺畅。

3. 访谈题目的设置

访谈的题目应紧密围绕访谈的目的来设置；访谈具有较强的开放性，更多的时间是留给被访谈对象去表达和交流；访谈的题目应该简洁但切中要害，每一道题目要了解哪些信息？了解到怎样的程度？都需要提前有预判。此外，访谈题目的顺序安排要符合从前往后、由浅入深、从主线到支线的话题讨论的逻辑和程序。

4. 访谈过程中的调整和变化

访谈提纲往往不能全面覆盖访谈要了解的信息，随着访谈的深入进行，可能会产生很多新的观点、信息和情况，访谈者应及时应变，根据最新了解的情况提出新的问题，追根溯源，引导访谈对象提供更多、更全面的信息。此外，访谈对象思维有时会过于发散，将很多时间浪费在与项目无关的问题上，访谈者也应把控好现场的节奏，及时引导访谈对象将话题转回到与项目相关的事情上来。

TOOL-11   访谈提纲的设计要求与参考模板 b

参考模板——业扩报装服务利益相关方调研
访谈提纲

尊敬的业务人员：

为了能够更好地开展业扩报装服务，提升服务质量，满足客户的实际需求，公司决定建立业扩"阳光服务 365"工作室，希望您能够结合自身需求提出您的建议和意见，我们会将您的意见认真总结，并应用于工作室的建设中。期待您的配合与支持！

1. 请您简要介绍，您是否了解业扩报装服务的整个流程？

2. 请您简要介绍，现在业扩报装服务中存在哪些问题？

3. 请您简要介绍，您觉得设计单位、施工单位、供电公司等相关部门在业扩报装服务中是否可以加强合作？

4. 请您简要介绍，您觉得设计单位、施工单位、供电公司在业扩报装服务中的责任、职责应该如何划分？

5. 请您简要介绍，您在业扩"阳光服务 365"工作室的建设过程中以及后期业扩服务中能否参与其中，并提供相应的帮助？

6. 请您简要介绍，您对业扩"阳光服务 365"工作室的建设以及业扩服务还有哪些建议？

TOOL-12 圆桌会议的规程设置要求

1. 什么是圆桌会议

"圆桌会议"是指一种平等对话的协商会议形式，与会者不分等级围圆桌而坐，每个人都以平等的身份参加会议。现在我们把"圆桌会议"作为团队学习进行深度汇谈的一种组织形式，从而达到相互学习交流的目的。

2. 圆桌会议在社会责任根植项目中的适用范围

适用于涉及多个利益相关方以及在根植项目实施中需要多方参与的情况。通过圆桌会议，有利于在同一时刻了解多个利益相关方的意见和立场，促进利益相关方之间的交流互动，更高效地达成共识。

3. 圆桌会议的基本规则

角色对等规则。 角色对等是指与会成员发言权的平等、表决权的平等和决策权的平等。圆桌会议的扁平化特征表明与会成员之间废除了等级制，在会议实施过程中，自始至终保持一种平等身份来参与会议的各项议程。

议事不议人规则。 即使是人事会议，也要预先发给大家客观实际的调查材料，让大家根据工作需要，提名相对适合的人选，而不是把重点放在议论人上，尤其不能放在议论人的缺点上。

非人数优势规则。 圆桌会议不能轻易按照少数服从多数的原则裁决，因为它不会让人心服，而且结论也常常错误。会议重在弄清楚每个方案的利弊，尽可能做到以理服人。

非决定规则。 不是每个圆桌会议都要做出决定，即便是这个圆桌会议开的很成功也可不做结论。圆桌会议容纳激励的论争，可以下次会议继续讨论而不做出决定。

4. 圆桌会议的召开程序

组织者提出明确的议题

与会者轮流表达自身的观点

组织者总结各方发言并提出待讨论的新问题

与会者就新问题自由交流和讨论

组织者总结发言

TOOL-13　社会责任根植项目规划编制大纲

社会责任根植项目规划编制大纲

一、可持续经营现状与环境分析

全面系统诊断公司在企业层面、利益相关方层面和社会层面所面临的可能会影响企业经营绩效、竞争力、社会声誉、可持续发展等方面的各类问题。分析各种问题对企业的影响程度大小，并制定公司的问题矩阵表。

（一）企业层面的问题分析

（二）利益相关方层面的问题分析

（三）社会层面的问题分析

（四）问题矩阵表

二、社会责任根植总体目标

结合对现状的诊断和公司的发展战略，从内质、外形两个方面提出社会责任根植总体目标，包括近期目标、中期目标和长期目标。

（一）近期目标（3年以内）

（二）中期目标（3~10年）

（三）长期目标（10~20年）

三、社会责任根植项目整体布局与规划

为实现公司社会责任根植总体目标，精细设计和规划公司所有的社会责任根植项目，包括应该安排哪些根植项目？这些项目分别要实现的目标是什么？哪些项目是重点项目？项目实施的优先序列等。

（一）社会责任根植项目清单及任务要求

（二）社会责任根植重点项目简介

（三）社会责任根植项目时间安排

四、社会责任根植项目的保障机制

为推动上述所有社会责任根植项目的顺利实施，公司需要在组织、制度、预算等各方面提供哪些保障和支持。

（一）组织保障

（二）制度保障

（三）资金保障

TOOL-14 社会责任根植项目年度工作计划编制大纲

社会责任根植项目年度工作计划编制大纲

一、上年度社会责任根植项目实施概况

总结回顾上一年实施的所有社会责任根植项目的完成情况，分析取得的成效和存在的问题，为本年度制定项目工作计划提供参考。

（一）项目总况

（二）绩效回顾

（三）问题分析

（四）改进思路

二、本年度社会责任根植项目总体安排

制定本年度范围内拟推进实施的社会责任根植项目安排，包括项目名称、项目推进思路、预期目标、人员和资金安排等。

（一）项目一（重点项目）

1. 预期目标

2. 总体思路

3. 人员安排与职责分工

4. 预算安排

（二）项目二（重点项目）

（三）项目三

（四）项目四

（五）……

三、社会责任项目推进保障机制

为推进本年度社会责任根植项目的实施，公司在组织、制度或资源平台等方面做出的调整和改变。

TOOL-15 社会责任根植项目立项申报表模板

社会责任根植项目立项申报表

项目名称	
执行范围	项目周期

项目初步思路：

项目预期成果：

重要性与可行性分析：

团队安排：

预算安排：

TOOL-16　社会责任根植项目立项审批文件编制模板

单位名称	项目名称	审批意见	最终结论
			□通过　□不通过
			□通过　□不通过
			□通过　□不通过
			□通过　□不通过
			□通过　□不通过
			□通过　□不通过
			□通过　□不通过
			□通过　□不通过
			□通过　□不通过
			□通过　□不通过
			□通过　□不通过
			□通过　□不通过
			□通过　□不通过
			□通过　□不通过
			□通过　□不通过
			□通过　□不通过
			□通过　□不通过
			□通过　□不通过
			□通过　□不通过
			□通过　□不通过
			□通过　□不通过
			□通过　□不通过
			□通过　□不通过
			□通过　□不通过

TOOL-17 社会责任根植项目实施方案审核评估表

项目名称：

项目单位：

评估指标	评估结果	修改建议
目标可达		
内容可读		
方法可见		
举措可行		
成本可控		

审核单位：

TOOL-18 社会责任根植项目简报模板

社会责任根植项目第 _____ 期简报

项目名称：

项目单位：

执行周期：

项目总体目标：

项目时间安排与完成进度：

项目阶段性成果：

项目遇到的难题：

希望得到的支持：

TOOL-19   国家电网公司社会责任根植项目评价考核标准

项目	指标及详解		分值 / 分
选题 （15）	聚焦问题	专注于解决企业运营过程中或经营环境中存在的某个具体的问题或议题	0~5
	影响深远	选题涉及企业内、外多个利益相关方，选题关注社会的热点问题或契合企业的发展战略	0~5
	典型特色	所选题目具有较强的地域特色或行业普世性	0~5
策划 （20）	基于现实	项目方案的策划有深入的调研、访谈过程，有大量的现实数据和信息做基础	0~5
	方案可行	项目方案内容简洁、逻辑清晰，手段举措具有很强的可操作性	0~5
	方法创新	项目方案中根植了明确的社会责任理念、管理方法或工具，具有很强的创新性	0~10
实施 （10）	执行有力	项目分工合理，计划严密，有严格的管理程序督促和控制项目的推进	0~5
	执行到位	项目方案中的思路和举措在执行中得到逐一落实	0~5
绩效 （25）	问题解决	项目实施有效解决了选题中聚焦的问题	0~5
	价值创造	项目实施给企业、利益相关方或整个社会带来新的价值贡献	0~10
	变化改进	项目给企业的运营方式、员工的工作方式、社会各界的合作方式带来新的变化和改进	0~10
成果 （20）	成果丰富	项目形成了包括总结、案例、视频、论文、工具或奖项荣誉等多项成果	0~5
	成果优秀	文字总结主题明确、逻辑清晰、行文流畅；视频成果独具感染力；工具实用性强	0~10
	广泛传播	项目成果得到有效的传播并被外界广泛地了解和认可	0~5
推广 （10）	推广价值	项目具有在企业内外进行推广应用的价值和清晰推广计划	0~5
	推广应用	项目形成的经验、成果在企业内外得到推广和应用，带来了更大的价值贡献	0~5
合计 （100）			

TOOL-20 社会责任根植项目现场验收考评标准

类型	具体详解
工作真实性	**工作人员汇报与交流** 【1】项目主讲人能够全面流畅地汇报工作（0~10分） 【2】项目主讲人和其他成员能够娴熟自如地回答验收组的问题（0~10分） **资料素材和成果检查** 【3】项目的过程资料充分完善（如回收调查问卷、访谈记录、工作中的视频、图片和文件等）（0~10分） 【4】项目实物性成果真实存在（如修建的设施、制作的文件、视频或手册等）（0~10分） **利益相关方抽查访问** 【5】利益相关方表示知晓本项目（0~10分） 【6】利益相关方能证实与其相关的项目内容的真实性（0~10分）
效果真实性	**价值创造与变化改进的真实准确** 【7】项目绩效数据真实、有据可依（0~10分） 【8】企业和员工的变化改进真实、有据可依（0~10分） 【9】利益相关方认同该项目的社会价值（0~10分） **绩效与项目的关联性** 【10】项目总结中描述的绩效数据与本项目创造的实际价值相符（0~10分）

TOOL-21 社会责任根植项目绩效终评表

项目名称	项目绩效初评得分（50%）						项目验收得分（50%）		最终得分
	选题	策划	实施	绩效	成果	推广	工作真实性	绩效真实性	

图书在版编目（CIP）数据

国家电网公司社会责任根植项目工作手册 / 国家电
网公司编著. —北京：经济管理出版社，2016.12
ISBN 978-7-5096-4723-3

Ⅰ. ①国… Ⅱ. ①国… Ⅲ. ①电力工业–工业企业–
社会责任–中国–手册 Ⅳ. ①F426.61–62

中国版本图书馆 CIP 数据核字（2016）第 271409 号

组稿编辑：张　艳

责任编辑：张　艳　张莉琼

责任印刷：黄章平

责任校对：王淑卿

出版发行：经济管理出版社

　　　　　（北京市海淀区北蜂窝 8 号中雅大厦 A 座 11 层　100038）

网　　址：www.E-mp.com.cn

电　　话：(010) 51915602

印　　刷：精美彩色印刷有限公司

经　　销：新华书店

开　　本：880×1230/16

印　　张：6.5

字　　数：167 千字

版　　次：2017 年 2 月第 1 版　2017 年 2 月第 1 次印刷

书　　号：ISBN 978-7-5096-4723-3

定　　价：55.00 元